LACORDAIRE

SOUVENIRS ET LETTRES D'AMI

PAR

Mgr Jⁿ RÉGNIER

Prélat de la maison de Sa Sainteté,
Chanoine honoraire

Parlez, élevez la voix, pour que le droit
méprisé soit reconnu.
S. S. PIE IX, aux pèlerins du diocèse de Laval.

NANCY

VAGNER, IMPRIMEUR - LIBRAIRE - ÉDITEUR
RUE DU MANÉGE, 5

—

1880

LACORDAIRE

SOUVENIRS ET LETTRES D'AMI

PAR

MGR J^H RÉGNIER

Prélat de la maison de Sa Sainteté,
Chanoine honoraire

Parlez, élevez la voix, pour que le droit
méprisé soit reconnu.
S. S. PIE IX, aux pèlerins du diocèse de Laval.

NANCY

VAGNER, IMPRIMEUR - LIBRAIRE - ÉDITEUR

RUE DU MANÉGE, 5

1880

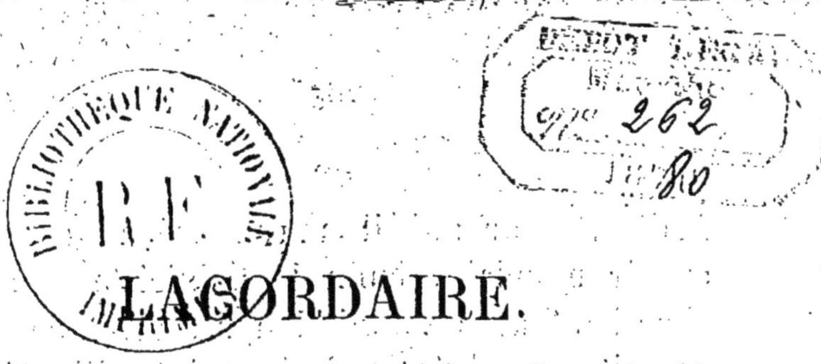

LACORDAIRE.

SOUVENIRS ET LETTRES D'AMI

AVERTISSEMENT

Les premières pages de ce volume, accueillies jadis avec bienveillance par l'*Année Dominicaine* comme essai, reviennent continuer leurs simples récits, à l'approche d'une persécution contre les membres réguliers de l'apostolat. Lié dès l'adolescence avec l'éminent rénovateur de l'Ordre dominicain, choisi par lui pour compagnon de Séminaire et de patrie adoptive, l'auteur s'est cru encouragé à ne pas laisser périr les détails de cette utile rencontre, comme à démentir quelques erreurs et dissiper des préventions. D'habiles écrivains, des historiens inattaquables, témoins des faits qu'ils racontent et sûrs des témoins qu'ils répètent, ont peint, dans le Révérend Père Lacordaire, le grand orateur né du grand converti ; le religieux vivant d'aumônes comme son divin

Maître, pour qui il a renoncé à un si bel avenir mondain, enfin le publiciste brillant, cherchant avec soumission à écarter ce qu'il croyait un obstacle à la sainte liberté de l'Eglise. Voici venir maintenant le simple et fidèle ami que sut ne jamais effacer le grand homme.

Peut-être des rapports intimes sembleront-ils peu de chose dans une si grande vie ; humble souvenance de son aurore, ils intéresseront peut-être aussi les collecteurs des pièces de son intimité. C'est comme quelques pauvres images ramassées au fond de ses tiroirs ; quelque vieux rameau de buis bénit, oublié à la boiserie, et que ses amis se partagent, quand tout est déjà distribué. Le moindre débris qui vient de cette belle âme les touche autant que ses ennemis s'en fâchent, sans savoir pourquoi, si ce n'est qu'ils ne veulent ni l'aimer ni le connaître. Et cela seul prouve déjà la supériorité d'un homme dont aucun mot, aucun geste ne nous laisse indifférent.

Puisse le peu de lettres qu'il a bien voulu m'écrire aider nos brins de buis à couronner sa tombe.

LACORDAIRE

SOUVENIRS ET LETTRES D'AMI

Un volume in-12

DÉDIÉ

A NOTRE-DAME DE BON-SECOURS

PAR

L'Abbé J^h. REGNIER,

Prélat de la maison de Sa Sainteté, Chanoine honoraire

CHAPITRE VII

Lacordaire décidé à fonder sa première maison dans le diocèse de Nancy, par la donation de la bibliothèque Michel.

On a vu qu'avant Nancy, diverses offres de résidence avaient été faites au Père, à Meaux, à Bordeaux, à Nîmes, à Angers, surtout à Strasbourg, même en Angleterre et en Belgique. Il hésitait à prendre une décision, quand une démarche de M. l'abbé Joseph Simonin, curé d'un faubourg de Nancy (les Trois-Maisons), vint le tirer d'incertitude. Voisin et ami de mon vénérable père, dont le jardin touchait au sien, M. le curé s'était fait présenter au célèbre prédicateur bourguignon ; et de cette entrevue, entre deux âmes si éminemment droites et courtoises, était née une liaison sincère et durable.

Le P. Lacordaire en était à peine à la troisième Conférence à Notre-Dame de Nancy (décembre 1842), que le curé Simonin, venant, comme chaque semaine, faire son trictrac avec mon père, et croyant comme nous que le Père se bornerait à prêcher l'Avent, nous dit : Quel malheur qu'un pareil génie doive nous abandonner dans quelques jours ! Nous avions pensé, mon frère et moi, à un moyen de le fixer en Lorraine : c'était de lui offrir la grande collection de livres dont notre oncle, M. Michel, qui vient de mourir curé de la Cathédrale, nous a faits héritiers avec notre cousine la religieuse. Nous ne les avons pas comptés, mais l'ancienne Maîtrise en est pleine, et il peut bien y avoir de huit à dix mille volumes. — Offrez, offrez bien vite, dit mon père, qui trouvait dans la richesse du cadeau le secret assuré d'écraser la concurrence des offres du dehors. Les Simonin avaient le cœur de leur oncle, ancien Confesseur de la Foi : ils étaient grands. Ils firent au Père une réception brillante, lui donnant pour convives un certain nombre d'hommes instruits et religieux. Au dessert, le curé, à qui son frère le vicaire laissait toute initiative, raconta, en présence de l'illustre invité, son généreux complot, pour décider *son installation dans le diocèse de Nancy,* lui offrant la propriété de la collection Michel, sans aucune autre condition que de *ne pas l'emporter hors du diocèse.* On ne pouvait alors en demander davantage au P. Lacordaire, puisqu'il n'avait encore en Lorraine que la permission donnée par M. l'ingénieur

Jandel à son noble fils, futur général de l'Ordre, de poser la première tente dominicaine dans sa campagne de Champel, près Lunéville.

Nous attendions tous l'effet qu'allait produire, sur la vive imagination et le cœur si reconnaissant du Père Lacordaire, la généreuse ouverture de la famille Simonin, qui, selon nous, allait faire sauter la redoute, c'est-à-dire une masse d'obstacles et d'objections, et le fixer, tout d'un coup, aux environs de Nancy, en attendant Nancy lui-même. O mécompte, ô tristesse ! qui croirait que le Père restà froid, embarrassé, à nous déconcerter tous, pire que silencieux, balbutiant je ne sais quel remercîment banal, comme on dirait : Vous êtes trop honnête....

Un mutisme complet menaçait d'enterrer la fête, lorsque l'abbé (Marin) Simonin dit à son frère Joseph : Mais croyez-vous que le Père ait bien compris l'importance de votre offre ? le nombre et le choix des livres ? — Et le bon curé de reprendre aussitôt : Pourrais-je demander à mon Révérend Père s'il connaît seulement le nombre des volumes de la bibliothèque de notre oncle ? — Mais, dit avec simplicité le Père Lacordaire, comme dans presque toutes les bibliothèques de nos bons confrères, mettons quatre ou cinq cents volumes. Un bon éclat de rire de toute la tablée réveilla la gaîté : Huit ou dix mille volumes, mon Père, s'écrie le bon curé par dessus le joyeux vacarme ; et il explique le nombre et l'importance des ouvrages par les longues et dispendieuses recherches du collecteur, qui, depuis plus de quarante ans, s'était mis en rapport avec les libraires de France et de l'Etranger.

Frappé de l'importance du don qui lui était offert, le P. Lacordaire demandait quelques jours pour consulter d'abord Mgr Menjaud, coadjuteur de Nancy, sur la question de résidence, et les autres prélats qui avaient fait les premières offres d'hospitalité, puis en revenait toujours à louer la belle fondation de M. Michel et la munificence de ses neveux. En tout ceci, reprenait modestement le généreux curé, nous ne faisons que remplir les intentions *formelles* du testateur, et ses *volontés décidément arrêtées* comme parle son testament (6 mai 1842). Il nous a toujours dit qu'avec la marche ascendante des intelligences religieuses, la résurrection des grands Ordres monastiques était *inévitable*, que c'était l'esprit de l'Eglise, et qu'il serait heureux de pouvoir y contribuer.

En levant la séance, le Père s'exclama et dit : Que la Providence est bonne, de m'offrir tant et de si précieux trésors littéraires, à moi qui n'ai jamais eu de bibliothèque jusqu'à ce que je dusse être à la tête d'une Communauté !

Le 23 décembre 1842, le P. Lacordaire écrivait de Nancy à Madame Swetchine :

« Mgr de Strasbourg m'avait fait témoigner un grand désir de me voir établi dans son diocèse. Je lui écrivis de Bosco; il me répondit une lettre admirable, et j'allai le voir, en me rendant à Nancy. Tout fut convenu entre nous, et déjà on entrait en pourparlers pour une maison à acquérir. Mais les dispositions si fermes et si générales

que j'ai trouvées à Nancy, m'ont fait réfléchir ;
le Coadjuteur m'a donné sa parole ; et de plus les
héritiers de M. l'abbé Michel, ancien curé de la
Cathédrale, m'offraient en don une bibliothèque
de douze à quinze mille volumes, laissée par leur
oncle à charge de la donner à une maison religieuse qui se fonderait dans le diocèse. J'ai écrit
à Strasbourg pour me dégager. L'Evêque a été
à ravir, réclamant seulement pour lui notre seconde maison. Après quoi j'ai conclu avec les
héritiers de M. l'abbé Michel, *et la bibliothèque
est à nous.* » (Corresp. de Falloux, p. 35.)

Ainsi le don offert au R. P. Lacordaire par
MM. Simonin triompha de tous les obstacles pour
fixer en Lorraine la première maison dominicaine. C'est ce qu'ils avaient demandé à Dieu.

Dans la courte convention écrite par le P. Lacordaire lui-même, et sans aucune notoriété
publique contraire, il ne fut stipulé aucun acte de
prêt, d'usufruit, d'usage ou de dépôts de livres ;
pas même un catalogue ; aucune donation faite
au diocèse, ni acceptation par le diocèse ; il n'y a
qu'une permission toujours révocable accordée
par les donataires aux lecteurs studieux qui
veulent faire des recherches sur place. Le don
est pur de toute charge, supérieur aux attaques
testimoniales, et de plus fortifié par la prescription
de trente ans, excepté pourtant contre les voleurs
et contre les menteurs qui leur ouvrent la porte.

Nancy, imp. de Vagner.

BULLETIN DE SOUSCRIPTION

Je soussigné ....
déclare souscrire à l'ouvrage intitulé :

LACORDAIRE, SOUVENIRS ET LETTRES D'AMI,
par l'abbé REGNIER, *Prélat de la Maison de
Sa Sainteté, Chanoine honoraire.* 1 vol. in-12 :
2 fr. 50 c. *qui devra m'être adressé franco aussitôt
après l'impression.*

Signature :

Domicile :

Signer lisiblement et adresser ce bulletin à **M. Vagner**,
imprimeur-libraire, rue du Manége, 5, Nancy.

LACORDAIRE

SOUVENIRS ET LETTRES D'AMI

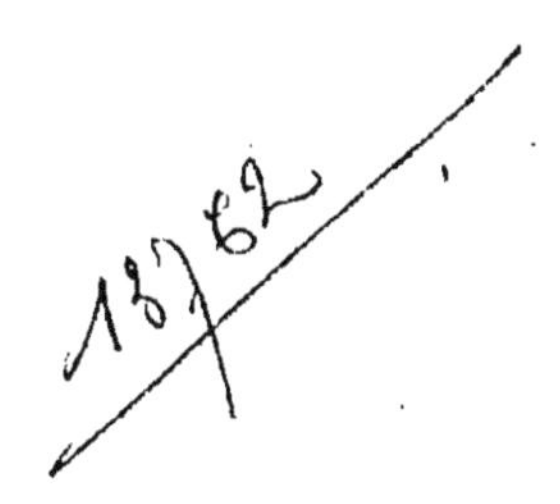

PRÉFACE

—

Les premières pages de ce volume, accueillies jadis avec bienveillance par l'*Année Dominicaine* comme essai, reviennent continuer leurs simples récits, en présence d'une persécution contre les membres réguliers de l'apostolat. Lié dès l'adolescence avec l'éminent rénovateur de l'Ordre dominicain, choisi par lui pour compagnon de Séminaire et de patrie adoptive, l'auteur s'est cru encouragé à ne pas laisser périr les détails de cette utile rencontre, comme à démentir quel-

ques erreurs et dissiper des préventions.
D'habiles écrivains, des historiens inattaquables, témoins des faits qu'ils racontent
et sûrs des témoins qu'ils répètent, ont
peint, dans le Révérend Père Lacordaire,
le grand orateur né du grand converti; le
religieux vivant d'aumônes comme son
divin Maître, pour qui il a renoncé à un
si bel avenir mondain, enfin le publiciste
brillant, cherchant avec soumission à
écarter ce qu'il croyait un obstacle à la
sainte liberté de l'Eglise. Voici venir maintenant le simple et fidèle ami que sut ne
jamais effacer le grand homme.

Peut-être des rapports intimes sembleront-ils peu de chose dans une si grande
vie; humble souvenance de son aurore, ils
intéresseront peut-être aussi les collecteurs des pièces de son intimité. C'est
comme quelques pauvres images ramas-

sées au fond de ses tiroirs; quelque vieux rameau de buis bénit, oublié à la boiserie, et que ses amis se partagent, quand tout est déjà distribué. Le moindre débris qui vient de cette belle âme les touche, autant que ses ennemis s'en fâchent sans savoir pourquoi, si ce n'est qu'ils ne veulent ni l'aimer ni le connaître. Et cela seul prouve déjà la supériorité d'un homme dont aucun mot, aucun geste ne nous laisse indifférent.

Puisse le peu de lettres qu'il a bien voulu m'écrire aider nos brins de buis à couronner sa tombe.

A NOTRE – DAME DE BON – SECOURS

RECONNAISSANCE ÉTERNELLE

ESPÉRANCE PERPÉTUELLE

CHAPITRE Ier.

—

LES DEUX AMIS.

En novembre 1820, un an après qu'Henri Lacordaire eut quitté le collége royal de Dijon, j'y fus admis comme externe en classe de quatrième, où je trouvai pour condisciple son plus jeune frère, Télèphe, qui, après un coup d'œil assez narquois, me tutoya carrément et m'appela « petit curé. » Il prophétisait ainsi à la distance de trente-sept ans; j'en avais treize, et Télèphe à peu près autant ; mais il avait déjà l'air si déterminé, qu'on lui en eût donné vingt. Bien que Henri fût éloigné de son ancien lycée par l'étude du droit, il conservait parmi nous une grande renommée. On le citait à tout propos comme travailleur, comme lauréat exceptionnel, surtout pour son année de rhétorique, où il avait emporté à deux bras ses couronnes, et, pour prix d'honneur, une collection de médailles, représentant les pères et législateurs « du plus beau royaume après celui du Ciel. »

Le caractère sérieux et appliqué d'Henri, sa figure même, régulière, mince et assez fortement prononcée, avaient pour toujours marqué dans l'esprit de ses jeunes successeurs ; pour moi, son souvenir m'était transmis d'autant plus vivement, que je trouvais souvent M. Lacordaire se promenant avec mon frère Hippolyte, son camarade au lycée et à l'école de droit.

Je sais que de leur temps, quand les externes se rassemblaient sous le portique, avant l'ouverture des classes, les petits, au milieu du vacarme des grands, grimpaient aux barreaux de la grille pour voir le défilé des pensionnaires, et, se montrant Henri Lacordaire, disaient : « Tiens, le voilà, le voilà. » Cette démonstration ne se faisait pas sans les réprimandes du concierge Rémoissenet, qui ne paraissait jamais sans avoir coiffé sa tête poudrée d'un grand tricorne à la Bonaparte, et abrité ses hauts-de-chausse à boucle sous une vaste redingote blonde. Ainsi drapé, six ans après le départ de Lacordaire, il nous faisait encore trembler ; c'est lui qui disait d'un élève à ses parents : « Nous n'en faisons rien pour le grec. » Je me rappelle encore ceci du lycée de Lacordaire : les coups de pied et coups de poing que, malgré son mérite, ou à cause de son mérite, il attrapait régulièrement de la générosité de quelques butors, n'empêchaient pas ses camarades (y compris les butors) de l'applaudir avec frénésie quand le professeur lisait ses compositions, ou qu'on lui posait publiquement, à la fin de l'année scolaire, une couronne de lierre sur la tête : telle est la valeur du travail, qu'il se fait acclamer même par les paresseux.

La vie des pensionnaires au collége nous semblait dure, car on n'y ménageait point les jeunes gens, comme l'ont fait depuis quelques directeurs d'institution, par désir *d'écraser la concurrence* ; et pourtant, ce régime était réellement doux en comparaison de celui du lycée de 1812 à 1815. Dans ce vieux temps, où les internes portaient la culotte courte et le mollet de coton bleu de ciel, (qu'avait porté lui-même le jeune Bonaparte à l'école de Brienne), tout marchait à la baguette, mais à la baguette du tambour ; il fallait des soldats à l'Empire, et les lycées servaient de pépinière aux armées. Tout s'en ressentait dans l'établissement ; sous le règne de la force impériale, la force gouvernait les gamins entre eux. On prenait à Lacordaire, qui me l'a raconté lui-même, son pain au goûter, son espèce de vin au dîner, et toujours le poing levé sur la figure du petit que volait le grand ; trop heureux l'enfant qui échappait ainsi à des menaces encore plus immorales. Dans cette longue épreuve, où son amour-propre et ses appétits étaient constamment refoulés, le caractère d'Henri remonta plus d'une fois aux sources de la philosophie chrétienne, et y acquit cette habitude de pensées sérieuses dont le reflet plus tard devait briller sur toute sa personne.

Fils de veuve, avec trois frères et un petit patrimoine, il s'habitua peu à peu à ne compter pour l'avenir que sur son travail. N'ayant pas d'argent, et n'en demandant à personne, il portait ses habits râpés avec cette grande propreté qui anoblit la misère même, et qu'il a conservée toute sa vie (1).

Son droit fini, il était parti pour Paris où l'avait rejoint Hippolyte. Tous deux, reçus avocats, occupaient, rue du Dragon, n° 30, un petit appartement, où ils étaient, comme on dit, « dans leurs meubles », ainsi que l'exige le Conseil de l'Ordre. Ni l'un ni l'autre n'étaient mondains. Hippolyte, même, moins sérieux qu'Henri, mais comme lui infiniment spirituel, n'aimait le monde que par curiosité. Néanmoins, fallait-il répondre à quelque invitation de soirée, Henri mettait son habit noir, Hippolyte son habit bleu ; grande affaire. Hippolyte se disait fort emprunté, bien que pétillant de naturel et de saillies de bon goût,

(1) Trente ans plus tard, il a dit avoir reçu en 1836, d'hoirie *maternelle*, 20,000 francs, la *paternelle* ayant été absorbée par ses études du collége et de l'école de droit, et 5,000 fr. pour son voyage d'Allemagne en 1834. Il héritait la même année de huit mille francs par la mort presque simultanée d'un frère et d'une tante. Cela ne contredit en rien ce qu'il dit de ses 16,000 fr. de patrimoine à Mme Swetchine (10 mai 1836), en ce passage d'une de ses lettres à Mme de la Tour-du-Pin (18 novembre 1837) « Tous mes frais de voyage payés, il me reste 1,200 livres de rentes, et actuellement dans ma bourse environ 1,500 francs. » On peut très-bien avec un talent moindre que le sien, et une place d'aumônier à Paris, arriver à s'y faire 1,200 livres par an... et y mourir de faim.

mais il ne pouvait pas résister à l'ascendant de
ces nullités heureuses qui savent poser dans le
monde, et y dominer par un caquetage aussi au-
dacieux que vide, comme font à table d'hôte
certains commis-voyageurs. Henri m'a raconté
au Séminaire, que, pour sa part, aussi peu
ébloui de ce vacarme que du spectacle des
danseurs et des danseuses, il méditait derrière
un rideau, tantôt sur la vanité des choses hu-
maines, tantôt sur la rareté et l'exiguité toujours
croissante des sorbets et des glaces. Faire leur
ménage eux-mêmes, c'était méritoire, mais peu
digne du barreau qui les voulait propriétaires, au
moins en apparence. Un jour donc, entendant
par-dessus le bruit des voitures et des cris de
tous genres dont l'air de Paris est réellement
épaissi, le refrain perçant et monotone d'un petit
ramoneur savoyard, Hippolyte s'éprit tout-à-coup
de l'idée d'en faire le valet de chambre de la
communauté. Entr'ouvant la fenêtre, il se mit à
siffler entre ses dents une *s* doublée de plusieurs
autres, et l'instant d'après, retentissait sur l'escalier le pas lent et ferré du fils des Allobroges en
habit de suie. Il allait respectueusement déposer
sa chaussure à la porte, quand on la lui ouvrit
gaiement et sans attendre qu'il frappât, tout
comme on fait aux princes. On devine sa surprise, quand ils le mirent, comme leur petit
frère, à table où son premier coup de dent
fut beau; puis ils l'écoutèrent jaser pour exprimer son bien-être inattendu; il est si facile

de rendre heureux les pauvres, qu'il faut plaindre ceux qui s'en privent. Après le déjeuner, la mascarade ; Antoine secoue sa perruque, passe ses mains et ses joues à la pierre ponce, et, le lendemain, se loge tant bien que mal dans quelque défroque abrégée de ses pauvres jeunes maîtres, qui, pour lui dorer la pilule de l'esclavage, firent mettre à son chapeau un large galon cuivré.

Hélas, tout n'est que fumée ; pour mieux s'en assurer, quelques semaines après, Antoine remontait dans les cheminées de Paris, non sans avoir été assez bien nourri, reposé et morigéné. Par amour de la simplicité provinciale, Hippolyte courut jusqu'au fond de la Haute-Marne chercher son remplaçant Simon, pauvre enfant du pauvre village de Saulles (1).

(1) « Qu'est-ce que Saulles ? demande l'auteur de *Louisa*, ch. VII.

« C'est le nom qu'on donne à quinze ou vingt chaumières jetées, avec une pauvre église et un château, sur le penchant d'une colline. Au bas de la colline, un limpide ruisseau coule dans la prairie à moitié caché sous les fleurs du mûrier, les baies des roses sauvages et l'ombre odorante des vieux noyers ; ici un tapis de gazon, une herbe encore vivante et douce, mais fatiguée par le pas des villageois qui viennent y jouer le dimanche ; là-bas à l'embranchement de ces deux chemins, une croix en pierre devant laquelle se signe le vigneron qui passe le soir ; et puis de tous côtés de grands pommiers qui étendent leurs branches larges, tortueuses et tombant jusqu'à terre... » Saulles touche à Bussières, patrie des aïeux de Lacordaire, qui y revenait presque chaque année près d'excellentes cousines qui étaient aussi celles d'Hippolyte. Les deux amis ne redemandaient jamais en vain à la province cet air pur, cette simplicité et la salubrité de vie que Paris ne fait qu'épuiser.

CHAPITRE II.

—

OU L'ON VOIT POINDRE LA VOCATION D'HENRI LACORDAIRE. — LA PRÊTRISE ET SON NOVICIAT EN GÉNÉRAL. — UTILITÉ DU SÉMINAIRE.

———

L'auteur de *Louisa* (année 1823) (1), qui, à vingt-deux ans, débutaït dans les lettres par une *Défense des Jésuites en France* (2), avec le courage qui suppose un sujet alors impopulaire, en était récompensé par un rayon de l'Esprit-Saint qui lui montrait le chemin des missions, mais sa santé ne résista point à l'épreuve. Il eut toujours l'honneur d'entendre la voix de Dieu et d'essayer de lui obéir. Sa protestation pour les Jésuites contre leurs calomniateurs, n'eût-elle eu d'autre mérite que de prendre le parti de la justice contre l'iniquité et la bêtise des accusations, était une bonne œuvre, car alors comme aujourd'hui, l'impiété et la révolution cachées sous cette petite guerre, visaient à la ruine du christianisme

(1) Paris, Delangle, éditeur, 1850, et Librairie Centrale, 1866, un volume in-12.
(2) Paris et Dijon, Lagier, éditeur, 1825.

en France en voulant renverser une seconde fois
ce mur d'airain de l'éducation parfaite et chrétienne
dont les Jésuites ont eu les premiers le secret ; et
ils l'auront les derniers.

Quant à l'autre maître d'Antoine et de Simon,
je retrouve dans mes notes, jaunies par le temps,
la copie d'une lettre sans signature, dont les détails
font une sorte de silhouette d'Henri Lacordaire à
cette époque.

Paris, 3 décembre 1823.

« Mon bon Père,

» Vous savez déjà mes efforts pour conquérir à
mes propres yeux le titre de travailleur, qui jure
un peu avec celui d'homme de lettres (moderne).
Enfin j'avais poussé la bonne volonté jusqu'à me
coucher comme les poules de Dijon, à dix heures
du soir, au lieu de faire comme les honnêtes gens
de Paris qui commencent à cette heure-là d'aller
dans le monde. Ainsi pouvais-je, comme les
poètes, me lever avec l'aurore, c'est-à-dire en ce
temps-ci à sept heures et demie. Enfin renonçant
à Satan et à l'Opéra, je n'allais plus même chez
nos amis, si ce n'est pour y dîner, par dévouement
comme vous voyez, encore un peu par hygiène ;
tous ces restaurants de Paris étant d'indignes
cabarets où l'on avale du poison à la carte. Eh
bien, mon bon Père, mon meilleur ami, je n'étais
qu'un bambin à côté d'Henri. S'il se couche à
dix heures, il est au travail à cinq heures du
matin, fuit les dîners (même de dévouement), vit

de science et d'air ; tout cela sans affectation, sans bizarrerie ni avarice, mais par principe d'ordre et de santé. C'est du reste le meilleur tempérament que je sache ; délicat, mais élastique ; sobre, mais régulier. Il prétend que chacun peut s'en créer un pareil avec son régime. Il fait tout avec mesure et à temps donné, si bien que je le regarde comme une de ces bonnes petites montres de Genève, pas brillantes, pas volumineuses, mais capables de régler le soleil... »

« C'est pour moi « l'ange de l'école » au moins l'ange gardien des principes dont vous m'avez doté, le guide de mes études, le maître de ma vie ; ses leçons se bornent à l'exemple. Pratique-t-il la religion ? Pas encore ; cependant je ne suis pas sur ses épaules quand il sort, pas plus que lui sur les miennes. Mais dernièrement, me reprochant mes oublis envers Dieu et passant devant Saint-Germain-des-Prés, j'entre, et derrière un pilier, que vois-je agenouillé, la tête à moitié cachée dans une de ses mains, comme une statue de la méditation ? Mon Henri, mon petit bijou d'Henri, lui-même. Que diantre faisait-il là ? N'en déplaise à Messieurs du Cercle (1), ce n'est pas en priant qu'on attend sa maîtresse ; et je mettrais ma main au feu qu'il n'en a jamais eue. »

« J'ai filé sans lui dire ce qu'il tient peut-être à me cacher : ou je me trompe fort, ou il n'en res-

____

(1) Cabinet de jeux et de lecture.

1*

tera pas là ; et quand il voudra trahir le secret qui fermente au fond de sa bonne petite caboche, ce ne sera pas à moi seul qu'il le dira, mais au monde entier. »

En voilà, j'espère, assez pour expliquer la suite que l'on connait, la rupture de Lacordaire avec le monde, comme nous l'a raconté M. Alexandre Guillemin, son patron (1), ami de ma famille, et qui vainement avait offert à son clerc un confesseur six mois auparavant. Aujourd'hui le confesseur même ne suffisait pas à son clerc : il lui fallait le Séminaire : il le voulait comme il savait vouloir toute chose à quoi il avait longtemps réfléchi.

Ce petit coup de foudre sur le monde, et ce rayon de soleil sur Lacordaire, tombèrent avec un magnifique tapage, à la presque épouvante de son excellente mère dont pourtant la piété remporta la victoire, mais au grand attendrissement des amis chrétiens du nouveau converti, notamment de la pieuse famille Guillemin, qui avait long-temps demandé ce miracle. L'admiration gagna jusqu'aux Membres du Barreau de Paris, qu'avait déjà ravis son premier plaidoyer.

Ce fut une vraie nouvelle : « Lacordaire qui se fait prêtre ! » L'expression est assez libre : d'abord, l'Eglise seule nous fait prêtre ; ensuite est-ce qu'on se fait ange ? Encore, les anges, tout magnifiques

(1) Avocat au barreau de Paris, patron de Lacordaire pendant quelques mois.

et purs esprits qu'ils sont, n'ont pas le droit du prêtre, de commander au Dieu trois fois Saint, d'ouvrir chaque jour la porte des cieux pour l'en faire descendre à leur voix sur l'autel. Un de nos camarades de rhétorique se montrait plus impatienté que les autres de la nouvelle du jour ; il s'en venait à moi, disant, non plus avec la tranquillité d'un nouvelliste, mais avec ce ton de colère anti-prêtre, trop commun déjà, parmi nos collégiens d'alors : « Comprends-tu cela ?. Henri Lacordaire, curé ?... Curé ! » reprenait-il en serrant les dents, et murmurant des mots aussi méprisants que méprisables.

Sa petite colère voltairienne constatait la puissante recrue qu'enlève au monde matériel le monde spirituel, chaque fois qu'un homme zélé renonce à la liberté laïque pour entrer au Séminaire. On peut toujours croire, en toute assurance, qu'un bon prêtre séparera de l'esprit du monde plusieurs milliers d'âmes et les sauvera. Ce chétif tonsuré, que la foule des niais considère comme victime d'un célibat contre nature, devient le père d'une famille bien autrement compacte et vivace que nos races corporelles : elles s'éteignent dans la mort ; tandis que la race des idées, née de la prière, ne meurt pas, et, qu'engagée au service du Père éternel, elle devient forcément la plus féconde des paternités (1).

(1) Luc, III, 8.

Après le départ de Lacordaire, le diocèse de Dijon observa une sorte de blocus administratif, qui lui a conservé plusieurs hommes de mérite ; mais l'oiseau ne s'était pas moins envolé, et cet oiseau était un aigle. Lacordaire, privé de tout travail lucratif pendant trois ans de Séminaire, et forcé d'entamer le patrimoine de sa mère pour payer sa pension à Saint-Sulpice, y accepta une demi-bourse avec autant de reconnaissance que d'humilité ; c'était là un sacrifice d'amour-propre assez méritoire pour un homme dont le début au barreau avait conquis les promesses de la fortune.

Mais n'y a-t-il pas d'autres petits sacrifices à faire, quand on passe d'une position libérale sur les bancs d'une école cloîtrée ? Celui de se trouver en contact pendant des mois et des années avec quelques jeunes gens, admirables sans doute, dont la vocation ne s'abrite pas toujours sous les mêmes formes ; d'être exposé aux réprimandes, à l'implacable décision d'un coup de cloche, de s'habiller tout de noir dans une longue robe qui gêne la marche, attire d'une part tous les respects et de l'autre toutes les colères ; de se lever avant le soleil en hiver, ce qui est triste ; mais de se coucher avant lui en été, ce qui est agaçant pour un homme tant soit peu de ce monde.

... Voilà, pour un nouveau converti, bien des coups d'épingles qui, dans ses jeunes années, paraissaient à Lacordaire devoir éloigner du Séminaire un assez grand nombre de fils de famille.

Erreur! le premier soin de l'Eglise, au sortir d'une immense révolution, était d'avoir de robustes soldats, que le Séminaire seul peut animer d'un esprit uniforme, aguerrir à l'étude et aux fatigues de l'apostolat, comme au déploiement des plus augustes cérémonies. Le prêtre français ne saurait, sans une impardonnable ingratitude, oublier qu'en fondant les premiers Séminaires sur le vœu exprimé par le Concile de Trente, saint Charles et saint Vincent de Paul ont régénéré le clergé de France et d'Italie, et entraîné sur leurs traces toute l'Europe catholique.

Cette haie d'épines des premiers jours ne fut donc rien pour Lacordaire: il l'avait prévue, il l'eut vite enjambée; tant, soldat intrépide, il s'était réjoui d'apprendre l'exercice du service de Dieu.

CHAPITRE III.

ISSY ET DÔLE.

Les bâtiments du Séminaire de Saint-Sulpice, n'étaient pas réparés comme aujourd'hui quand Lacordaire y fut admis: une raison de salubrité le fit envoyer après une courte épreuve au Séminaire d'Issy, près Vaugirard; c'est la succursale du grand Séminaire et la maison de campagne des Sulpiciens. Le site en est heureux, aux portes de Paris, et loin de son vacarme, près des bosquets de Fleury et de Fontenay-aux-Roses, comme des magnifiques forêts de Meudon et de Versailles, dont les chasses royales avaient fait de véritables jardins anglais à la disposition des promeneurs séminaristes.

La santé de Lacordaire, malgré ses délicates apparences, se trouva bien de cet air d'un faubourg qui joue la campagne.

Un an après, mon père qui, sans rien m'en dire, voulait me diriger vers la sainte prêtrise, m'envoyait doubler ma rhétorique chez les Jésuites à Dôle (Jura), ou faire, si l'on veut, une sorte de quarantaine contre l'éducation collégienne. Il y y avait, en effet, entre les deux systèmes une telle différence qu'il est impossible à un établissement séculier de jamais atteindre les qualités de l'éducation donnée par les corporations religieuses sous les rapports essentiels à la vie de famille et de cité, surtout au grand but de l'humanité, le bonheur de la vie future. Quant à l'instruction classique, j'ai préféré, plus d'une fois, le professeur du collége royal ; mais si l'on eut laissé le temps aux Jésuites de Dôle, ils seraient devenus au moins aussi forts (1). Du reste, dans l'un et

______

(1) Ils l'ont prouvé par l'éclatant succès de leurs écoles préparatoires aux examens professionnels du Gouvernement.

l'autre genre, même choix de classiques grecs et romains.

Des Pères de l'Eglise, jamais trop ; mais la fièvre du baccalauréat travaillait les familles, et l'on avait juste le temps de se préparer au programme incolore tracé par l'Etat pour toutes les religions et par conséquent toutes les indifférences. Henri Lacordaire avait terminé sa seconde année de théologie, lorsqu'il revint prendre ses vacances à Dijon que nous habitions. Autant mon père et son meilleur ami, le président Riambourg (1), se défiaient du jeune Lacordaire avant sa conversion à cause de son caractère tranché et *napoléoniste,* comme on parlait alors ; autant Lacordaire converti, et surtout *l'abbé* Lacordaire, leur inspirait de confiance, d'admiration, je dirais presque de vénération ; c'est qu'il y avait sincérité, désintéressement et courage dans cette conversion qui faisait ressortir la droiture et la vigueur de son esprit.

Quelle ne fut donc pas la joie de mon père, quand Lacordaire qui me savait nouvellement revenu de l'excellent collége des Jésuites de Dôle, où *il m'avait rendu visite avec Hippolyte,* vint lui dire : « Votre fils a quitté le collége royal pour échapper à des influences irréligieuses ; l'y laisser rentrer maintenant ce serait lui faire perdre ce

---

(1) Président de Chambre à la Cour de Dijon, démissionnaire par refus de serment en 1830.

qu'il vient d'acquérir chez les Jésuites; si vous le permettez, je l'emmène avec moi chez les Sulpiciens et il fera dans mon Séminaire la classe de philosophie, si importante pour la vie entière. »

En finissant la phrase, Lacordaire jeta sur moi un regard aussi fin que bienveillant, et ajouta : « Vous verrez Paris *en passant*, mon jeune ami, et vous vivrez avec moi dans ma chambre. » Voir Paris, quel bonheur! me disais-je, au lieu de penser à celui de vivre en sa noble compagnie. Dieu, pour gagner une jeune âme à son service, se servait ainsi de ma curiosité d'enfant pour ce fatal Paris, vers lequel se pointent tous les regards, toutes les ambitions, et aboutissent tous les mécomptes.

Pour moi j'y fus expédié par une de ces lourdes et longues diligences à dix-huit places, qui mettaient quarante heures à débarquer de Dijon à Paris. En entrant chez un parent, pieux et docte juge qui demeurait place de l'Estrapade, et auquel mon futur ange gardien avait été lui-même recommandé, qui trouvé-je! l'abbé Lacordaire en personne, venant à moi avec sa grâce aristocratique et juvénile, et me promettant que le soleil ne se coucherait pas avant que je n'eusse vu Paris.

Une heure après, nous descendions bras-dessus bras-dessous la rue Saint-Jacques; c'était, alors, une étroite, rapide et noire vallée : sorte d'égout inaccessible aux rayons du soleil : les voitures rejetaient de chaque côté les passants sur un fort petit espace, où ils piétinaient, glissaient, éclaboussés, coudoyés, montant et descendant sur une double ligne, comme feraient les fourmis. Tous semblaient plus pressés les uns que les autres. C'était une foule de gens étourdis par les cris des marchands ambulants, par le piaffement des chevaux de trait, le fracas des charrettes, et qui criaient eux-mêmes pour se faire entendre. Quelques-uns se parlaient tout seuls avec animation. Il n'y avait guère que nous deux, je crois, pour garder un silence forcé au milieu de ce vacarme. M. Lacordaire m'entraînait plutôt qu'il ne me conduisait, rasant les murs, et m'apprenant à faire comme lui, dans sa marche légère, en relevant élégamment le bord de sa soutane, pour éviter les inconvénients du marécage qu'il me faisait traverser en course sur la pointe du pied. Il était temps d'arriver à Notre-Dame, pour respirer un air vraiment pur, celui que respirent les anges autour du Saint des Saints, dans le temple dédié à leur Reine.

Mon guide voulait non-seulement me faire voir un monument gigantesque, digne de la foi des géants nos ancêtres, mais présenter à l'auguste Mère du Christ, à Notre-Dame, la jeune âme dont il prenait la tutelle, et demander à Dieu par son intercession de me faire entendre cet appel divin qu'il entendait lui-même depuis quelques mois avec tant de bonheur. Pressés, et au pas de charge, nous traversâmes le Pont - Neuf où la statue d'Henry IV semblait préserver la ville contre les révolutions. Quelle illusion renversée lorsque traversant le même pont quatre ans plus tard nous trouvâmes la royale statue affublée du drapeau révolutionnaire ! Lacordaire haussa les épaules en disant : « Un drapeau tricolore aux mains d'Henry IV, peut-on rien voir de plus ridicule ? » Il est certain que le roi vivant eût jeté ce drapeau dans la Seine, au moins pour le blanchir, lui qui criait si fièrement sur les champs de bataille : « Français, ralliez-vous à mon panache blanc : il vous mènera toujours dans le chemin de l'honneur et de la victoire. » Et il tenait parole.

Nous touchions à la place du Carrousel, vaste désert alors, dont le fond occidental borné par les Tuileries attirait d'autant mieux les regards que la garde royale de Charles X déployait dans la cour d'honneur ses bataillons argentés. Au nord-est s'élevait, isolé, l'hôtel de Nantes, d'où la première machine infernale, me dit Lacordaire, tenta de mitrailler la voiture du Premier Consul, la veille de Noël 1800 ; elle ne brisa que ses glaces mais tua plus de cent personnes. La rue ou la place qui rejoignait le Louvre n'était encore bordée que de baraques d'oiseleurs, et de plusieurs petites ménageries, enfin, de tout le matériel de ce que l'on appela depuis un jardin d'acclimatation. Rien ne faisait espérer alors cette somptueuse jonction du Louvre et des Tuileries, qui était dans les plans du premier Empire et que réalisa fidèlement le second. Dans le jardin, vraiment royal et français des Tuileries, la verdure à son déclin attirait encore, au pâle soleil d'automne, l'élite de ses promeneurs habitués. On y entrait alors par le milieu même du château, quand la Cour était absente, et « la garde qui veille à la porte du Louvre » faisait semblant de garder les Tuileries, avant que Louis-Philippe ne les eût habilement cernées comme une place forte par un fossé sous prétexte de « jardin réservé. »

La sombre colonne Trajane de la place Vendôme, orgueilleuse page de bronze qui racontait nos victoires, en 1814 et en 1815, à la face des troupes étrangères groupées alentour, et qu'Alexandre, leur chef victorieux, eut deux fois le bon esprit de ne pas laisser déchirer; la place Louis XVI, vaste et sanglant autel où tomba l'agneau royal, pour expier et aggraver nos crimes; l'église ou plutôt le temple de la Madeleine, qui est à l'art religieux ce qu'un oratorio de Mendelsohn est à une messe classique d'Allegri ou de Palestrina ; les boulevards, alors tout empanachés de grands tilleuls séculaires, que le peuple des barricades n'avait pas encore sciés par le pied et couchés en travers de la promenade dépavée : tout cela, depuis la rue Saint-Jacques, inclusivement, me fut montré, expliqué *en une heure*, à peu près, au bout de laquelle mon cher ange gardien me dit : *Maintenant, vous avez vu Paris...*

Rien à répliquer. Nous montons dans un gros fiacre qui, de cahots en cahots, nous mène en quelques minutes *du milieu de la liberté* et de la foule bruyante, sous les verrous de la clôture ecclésiastique. Nous y voilà, dit Lacordaire d'un air tout guilleret : et il sauta de la voiture comme un oiseau. Il fallut donc descendre et tomber dans un enterrement, celui d'un jeune abbé qui par la plus courte ligne prenait le chemin du Ciel.

Ainsi ma classe de philosophie commençait à la porte. Si la vie du chrétien est un combat, la vie du prêtre est un assaut. Le Séminaire est comme la première enceinte enlevée avant de camper au centre de la vie ecclésiastique. Heureuse l'âme qui s'envole ainsi d'un premier coup d'aile, là où des aigles robustes, en apparence, s'élèvent si péniblement, rament parfois contre le vent, et donnent du bec en terre, au lieu d'escalader la nue et de fixer le soleil.

En revenant de l'enterrement, mon charitable guide cherchait à chasser les idées qu'il me supposait sombres et pleureuses comme le temps ; il gardait sa gaîté, et me présentait à ses amis, tout en cheminant. Puis il me parla de la *sortie* que nous ferions ensemble à Paris, chaque mois selon l'usage ; et m'introduisit enfin au modeste logis qui nous était réservé.

CHAPITRE IV.

—

NOTRE CELLULE. — L'HIVER ET L'INFIRMERIE.

Le Séminaire d'Issy se composait de· deux bâtiments bien distincts et séparés par la grand'rue du village. La maison qui occupait le côté nord-est s'appelait le Numéro Quinze; on y logeait une partie des séminaristes dont la santé exigeait un peu plus d'air; mais cet air était frais à cause du voisinage de la Seine et des bosquets de buis qui verdissaient, immobiles, hiver comme été. Dans la cour qui forme l'entrée, l'herbe fendait le pavé tout exprès pour les volatiles échappés dès le matin de la volière et du colombier. C'est presque une maison bourgeoise, moins le bruit de la famille; à Issy, le père de famille est un silencieux et modeste Sulpicien, dont le regard calme et plein de mansuétude commande d'abord le respect, puis tout autre chose que les paroles inutiles. Quand les jeunes gens placés sous ses ordres, surtout les nouveaux arrivés, ont besoin d'un peu de soleil ou d'ombre, et de tout ce qu'ils viennent de quitter dans leur chère province maternelle, ils peuvent aller au bosquet revoir un petit coin de la nature échappé aux ravages parisiens; on y entend merveilleusement chanter les merles, faute de grives ou de rossignols. L'autre corps de logis comprenait le Séminaire proprement dit, entre cour et jardin à la française; vastes allées, rares ombrages, à l'entrée un jeu de paume. A l'extrémité de ce long jardin aux allées rectangulaires, le délicieux ermitage de Notre-Dame de Lorette, sur le modèle dit de la *Santa Casa*, revêtu d'*ex-voto* et de peintures historiques. A l'angle, sur la droite, un pauvre bâtiment, qui s'appelait la solitude, servait de logis aux vétérans de la Société de Saint-Sulpice. Enfin sur la rue se tenaient comme elles pouvaient quelques bonnes vieilles chambrettes, attendant patiemment leur rajeunissement et leur exacte clôture. On nous y logea en espérant mieux. Nos portes et fenêtres laissaient pénétrer le vent à petite bouffée, de manière à exécuter sa musique sur tous les demi-tons et quarts de tons de la harpe Eolienne. C'était charmant de nouveauté et d'antiquité tout à la fois, l'aquilon servant de contrebasse à la bise sa petite sœur, et la suivant avec fidélité, même assez gaiement; mais le vent d'ouest inégal et toujours plaintif annonçait en chœur, avec une foule de petits enfants d'Eole, d'un bout à l'autre de la gamme, la tristesse et la pluie. Je ne savais pas encore (ce que m'apprenait graduellement l'expérience du Séminaire,) combien la simplicité de notre demeure et la douce austérité de la vie ecclésiastique détachent le cœur de tout amour du luxe et de nous-mêmes. Aussi étais-je le seul à m'en plaindre comme un enfant gâté ; seul j'accusais l'utile rapidité du service culinaire, et la dureté militaire de notre lit de camp, et le compte fixe de nos heures de sommeil, que cependant mon doux conpagnon avait fait prolonger pour moi seul.

Lacordaire ne se plaignait pas ; dur à lui-même, indulgent et prévoyant pour les autres, il ne réprimait ma jérémiade que par son assiduité au travail, sa dignité douce et mortifiée. Assis sur une de nos deux chaises, devant un très-petit feu qu'il n'eut pas même allumé sans moi, les pieds joints et immobiles, son livre sur ses genoux, il regardait de temps à autre sur sa table, où il ne laissa jamais que le strict nécessaire, le crucifix, l'écritoire, le canif d'autrefois et la montre d'argent moins poétique que le sablier, mais beaucoup plus commode ; puis il se frottait les mains et répétait tout bas ses leçons de théologie en levant ses yeux au ciel. Il me laissait faire en toute liberté mon remue-ménage dans sa chambre et battre des doigts ma table de travail en guise de piano, à condition toutefois de me retrancher derrière un paravent qui nous servait, la nuit, de mur mitoyen. Quand les engelures des jeunes philosophes boursouflées et violacées par le froid et l'humidité comme des pommes de terre nouvelles me forçaient de composer des drogues un peu trop parfumées, il s'éveillait comme en sursaut du milieu de ses études théologiques sans autre plainte que celle-ci : « il me semble que tu nous empestes. » Puis il continuait de se laisser agacer sans le moindre soupir.

Sa patience avec moi n'avait vraiment d'égale que son humilité : il m'apprit à faire mon lit de séminariste en me le faisant lui-même plusieurs jours de suite. Puis je l'aidais aux mêmes soins, en bénissant tout bas la couche de cet homme aimable et fort, qui ne s'y est jamais reposé qu'après avoir donné à Dieu tout ce qu'il avait reçu de vigueur pour l'étude, la prière et la mortification.

Enfin, plein de respect pour le Séminaire, et avec raison, Lacordaire défendait tout, approuvait tout, et se trouvait trop heureux d'être aussi bien soigné. Cette leçon nous était si naturellement donnée à tous que nous nous rangions à son avis ; et nous constations par nombre d'exemples que, dans les pensionnats, les élèves les plus exigeants sont précisément ceux qui dans leur famille sont aussi mal nourris que mal élevés. Le froid que je trouvais si pénible dans notre pauvre appartement, laissait Lacordaire imperturbable, bien qu'invariablement vêtu d'une petite soutane très-mince, et chaussé de filoselle parce que le futur dominicain ne pouvait supporter la laine... Une seule fois, je le vis changer de

figure, tourmenté par des coliques épouvantables
qui peut-être déjà étaient le principe de celles qui
plus tard. l'ont tué. Au lieu de consulter le médecin de la maison, le pieux et paisible docteur
Fizeau, il ne voulut s'adresser qu'au garçon infirmier, bon Auvergnat, mais un peu nécromant, je
suppose ; car il guérissait, mais immédiatement,
le mal de gorge par un remède des plus cabalisti-
ques : en posant sur le cou du malade un petit paquet de vers de terre vivants, enfermés dans un
sachet, où ils se débattaient jusqu'à ce que leur
mort s'en suivît.

L'infirmier, fier de son rôle, dit à l'abbé Lacordaire, avec son meilleur accent d'Auvergne :
« avec quatre-j-œufs durs je vous chauve. »

Tout étonné de la recette indiquée, Lacordaire
la suivit humblement ; la colique parut bien un
peu doubler au second œuf ; tripler au troisième ;
je crois qu'il serait mort au quatrième, s'il n'eût
été pris d'un sommeil invincible, causé sans doute
par les efforts d'une héroïque digestion.

2

CHAPITRE V.

LA CLASSE DE PHILOSOPHIE.

Je reconnaissais chaque jour plus clairement combien j'avais à gagner sous le patronage de mon saint camarade, et quelle distance pouvait séparer la classe de logique d'un collége d'avec celle d'une maison religieuse. Dans plus d'un établissement laïc, en effet, elle était abandonnée aux dictées arbitraires d'un maitre sans foi, comme j'en citerai un exemple. Et là où la science, qui a pour but d'apprendre à raisonner, semble craindre d'enseigner autre chose que le doute ; là où le professeur, aussitôt son petit paquet de science déchargé, s'enfuit dans son ménage, sans que l'élève puisse le voir soucieux de craindre et d'adorer l'être divin et terrible dont il lui a démontré fort légèrement l'existence ; comment voulez-vous qu'il germe au cœur de tels disciples un principe moralisateur ? Il faut enrichir la leçon scientifique par une suite continue d'exemples, franchement donnés dans les maisons religieuses par le professeur même. Mais voici l'excuse : l'établissement laïque veut plaire à toutes sortes de familles chrétiennes ou non, et à toutes sortes de cultes. Qu'en résulte-t-il ? Que l'élève juif sans doute sera toujours juif, le protestant toujours rationaliste, mais que les jeunes catholiques ne seront plus chrétiens. Votre philosophie incolore, au lieu de les affermir sur leurs bases, ne leur apprendra qu'à chanceler. Raison de plus pour que la philosophie des établissements religieux soit non seulement une méthode d'argumenter en latin, mais l'art précis et clair d'accorder la science et la foi ; quelle défende enfin contre le souffle des barbares ou des impies le flambeau de la civilisation que le Christ seul tient dans sa divine main. « Je pense, donc j'existe, » disait un philosophe célèbre. Il eût mieux fait de dire : « J'existe, donc je dois mon hommage à l'auteur de la vie. »

Le disciple, dit l'Evangile, ne peut être plus savant que le maître (1), même quand le maître ne sait rien. Mais un jour, à Nancy, il advînt que le disciple bon chrétien fut plus fort que le professeur libre-penseur ; celui-ci s'était avisé de faire une dictée contre l'utilité de la prière. Etonnement de tous ; révolte muette mais énergique de deux élèves, qui, à la barbe du maître et au sourire approbateur de toute la classe, plient bagage et vont suivre les cours de l'Evangile. L'un devint l'historien de sa patrie et l'autre son député. La vertu est quelquefois récompensée.

(1) Saint Mathieu, X, 24.

CHAPITRE VI.

—

LE LUTRIN.

—

Nous avions toutes les semaines une leçon de plain-chant, en présence d'une contrebasse assez tranquille. On pouvait s'entendre les uns les autres et profiter. Le professeur, aimable et pieux séminariste, se dévouait gracieusement à cette œuvre méritoire, dont on commence seulement à soupçonner l'importance, aujourd'hui qu'on ressaisit les plus vénérables traditions. Lacordaire y venait avec courage, ayant l'oreille et la voix fausses à ce point de demander un jour quelle différence il y avait entre le son d'une voix qui chante et celui d'une voix qui parle. J'ai noté la réponse : « la voix qui chante est un son fixe, qui ne varie que par intervalles également fixes et déterminés. Celle qui parle (sans lire) fuit au contraire le ton fixe, au point qu'on pourrait difficilement dire en quel ton le causeur a parlé ; tant il y a de variété dans le son d'une seule parole. »

Autre observation : un orateur a besoin de s'exprimer seul ; deux ensemble ne font, comme on dit, que se couper la parole. S'ils sont trois, c'est encore pis ; quatre, cinq, six, et plus encore, c'est le brouhaha, le désordre. Pour le chant, la loi du son est toute opposée : deux, trois, quatre voix ensemble s'accordant sur des intervalles déterminés, c'est le duo, le trio, le quatuor ; et plus y a de voix ou d'instruments, plus les accords sont brillants et prennent le nom de symphonie.

Au cours, Lacordaire voulait apprendre à ne pas tout à fait déchanter une préface : « Sur cette note, disait le maître à Lacordaire, vous monterez un peu, ici, ici, où vous voyez cette note marquée sur la barre supérieure, puis vous descendrez au contraire sur la note inférieure. » — Je monterai, je descendrai, répondait humblement le pauvre élève ; qu'est-ce que monter, qu'est-ce que descendre ? Enfin essayons. — Et d'une voix incertaine il poursuivait celle du maître, brodant un léger trémolo aussi bien au-dessous qu'au-dessus du modèle. Nous le suivions de l'oreille et du cœur comme on suit des yeux, dans les courses, le cavalier qu'on aime, et qui rase le bord d'un précipice. Et, la phrase à peine finie, chacun respirant à l'aise, l'encourageait : Bravo, Monsieur l'abbé, pas mal vraiment pour un début. Vous verrez, cela ira. — Nous le disions sincère - ment, lorsque apercevant nos sourires, il éclatait lui-même avec toute la gaîté et la grâce de l'humilité. Pauvre Henri, à quelles peines im-

méritées fallut-il te soumettre ! Sur quel che-
valet (de contrebasse) te fit-on exhaler ton
martyre ! En somme, l'humble séminariste, qui
devait un jour frapper nos oreilles par de si har-
monieuses intonations oratoires, n'était pas plus
mal réparti de la nature que le bon cardinal Capellari : devenu pape sous le nom de Grégoire XVI,
il se plaisait à dire : « Capellari avait la voix fausse,
ce qui ne l'a pas empêché de chanter aujourd'hui
la messe pontificale au maître-autel de Saint-
Pierre du Vatican. » Toute l'ambition de notre professeur était de ne pas abandonner Lacordaire
avant qu'il ne sût faire à l'autel les intonations
absolument nécessaires, depuis le simple et droit
oremus jusqu'aux scabreuses ondulations de l'*Ite
missa est*. Il y parvint aussi bien que possible.

Bientôt les leçons de chant furent ordonnées à
un plus grand nombre d'élèves ; tentative généreuse, mais qui augmentait le nombre des
oreilles dures et des voix fausses, ordinairement
les plus fortes. Et puis il n'y avait qu'une salle
et qu'une heure pour tout le monde. Le maître
vit le danger ; et, choisissant sept ou huit beaux
jeunes élèves, à la poitrine effacée et le gosier en
tuyau d'orgue, il les posa devant le pupitre, en
les soutenant par la forte basse-taille de l'abbé
de V. (1). Derrière eux on laissa murmurer, comme
ils le pouvaient, les timides ou modestes traînards

(1) Depuis chanoine de Paris.

de l'armée musicale, qui attendent toujours qu'on commence avant d'abriter leur fredonnement aventureux sous le bruit du chœur, le ronflement de la contrebasse et les coups de voix diaboliques de l'antique serpent.

Au travers de cet orage vocal et instrumental, comment distinguer et diriger l'abbé Lacordaire en sa frêle vocalise !

Son jeune maître, plein de dévouement, gardait comme dernière ressource une flûte... qu'il tirait de sa poche, comme saint François Solano, pour fixer l'attention des sauvages, ou comme un artilleur démasque une batterie dans un siége désespéré ; oh, alors tout le monde faisait feu ; mais lorsque les choses commençaient un peu à marcher, la cloche de l'étude sonnait, et chacun de rentrer dans sa cabine.

Si l'on eût dit en ce temps-là à certain supérieur de Séminaire qu'il fallait consacrer chaque jour une classe et non une récréation à cet exercice si important pour l'éclat du culte, il eût trouvé la proposition singulièrement insolite. Elle est cependant bien naturelle, si l'on veut retenir à l'Eglise les hommes qui aiment à chanter, et si l'on ne veut pas exposer un jeune prêtre à s'en faire remontrer par son maître d'école.

CHAPITRE VII.

—

———

Après la philosophie, me demanda un jour
M. Lacordaire, quel chemin suivrez - vous ? —
Premièrement, lui dis-je, le baccalauréat, puisque cela mène à tout. — Et ne décide rien. On
se bourre d'une masse de connaissances incom-
plètes, dont on n'a que faire dans l'usage de
la vie, et qu'on s'empresse de laisser à la porte
de l'académie une fois l'examen passé. Est-ce
vrai ? Si vous choisissez le droit ou la médecine, ou même le Séminaire (qui sait les secrets
de Dieu?), que trouverez - vous dans le baccalauréat qui ouvre le moindre jour sur ces trois
genres d'étude, surtout sur la gravité du choix à
faire entre les trois ? — Plus tard, reprenant le
même sujet devant la Société littéraire de Foi et
Lumières. « On nous dresse, disait-il, à l'art d'argumenter, pas autant à celui de réfléchir. C'est
qu'à cet art-là, précieux entre tous, il faut un
maître, un maître qui manque à notre époque :

c'est le temps ; le temps qui donne l'âge, l'expérience, le désir de bien faire et de bien apprendre. Mais nous ne voulons plus du temps. Le baccalauréat ouvre ses deux ou trois portes vers les emplois du Gouvernement, pourvu que le candidat n'ait pas plus de seize ou dix-huit ans.... Allons, qu'on se dépêche : seize, dix-huit ou vingt ans vont sonner ; lancez-vous en tête du mouvement des affaires et du salut de la patrie, messieurs les imberbes ! Et tous les fils de famille de se précipiter (dès leur quatorzième année) vers une spécialité admissible, sans le moindre souci des études morales autrement importantes ; et chacun d'improviser sa vocation, la chose la plus grave avec le salut de notre âme qui en dépend. Autrefois les études se prolongeaient jusqu'à vingt-quatre et vingt-six ans. Encore aujourd'hui, dans les grands ordres religieux qui ont conservé les vraies traditions classiques, le scolasticat dure sept ou huit années. On a au moins le temps de consulter, de comparer, de reconnaître ce que peut accomplir une intelligence armée de toute son éducation virile. Mais, dans le monde actuel !... formez donc des hommes avec ce système d'employés précoces, d'ambitieux et de très-humbles serviteurs à l'infini. Et dans cette foule *d'enfants* placés, combien se sentent déplacés, à l'heure de la réflexion ! Combien, emprisonnés dans une carrière ou une ornière de chiffres et de servage ! Ils n'osent ou ne peuvent s'en débarrasser, et ils

tournent sur eux-mêmes dans une éternelle impuissance et un éternel ennui. *Ainsi s'en vont les
caractères.* » — Quelle prophétie ! Et ce ne sera
pas la seule,

Le fait est que les révolutions nous dévorent :
comme certaines fièvres putrides, elles parvien-
nent à l'état périodique ; et pas un médecin qui
nous en guérisse ! On le verrait venir qu'on lui
montrerait la porte, comme ont fait les malins,
qui, lorsqu'il est apparu, et s'est écrié : « Me voilà ;
j'apporte la Justice qui relève les nations, » ont
tout préféré, même ce qui devait les perdre, au
seul homme appelé à les sauver. Tant pis pour
eux, tant pis pour toute l'Europe. On y voit venir
au secours du droit et de la vérité, il faut l'avouer,
des discours et consultations admirables, mais
foulés bien vite aux pieds de sectaires armés de
fer et de feu au service de l'irreligion. Cette force
aveugle, immense, s'appelle *le Nombre*, et menace
de tout écraser sans rien vouloir comprendre :
c'est le *Monstrum horrendum, informe, ingens,
cui lumen ademptum...* de Virgile (1). Pas un
bras, pas une épée, pas même une fronde qui se
lève contre ce Goliath, chaque jour plus effronté,
et qui lui dise comme David : Bras de l'enfer,
malheur à toi, voici le bras de Dieu. — La grande
voix qui seule avait le droit de pousser ce cri
sauveur d'Israël, et qui en a eu la générosité,

(1). Enéide. Liv. III.

n'est pas encore éteinte. Que ceux qui l'ont fait fuir et qui osent dire : *Il serait temps que Dieu se montrât*, aillent la rechercher, et ils verront Dieu. Mais qu'ils se dépêchent, pour ne pas voir tout le contraire.

CHAPITRE VIII.

—

MUTATION D'ÉCOLE. — QUELQUES VISITEURS D'ISSY.

En classe de théologie, Lacordaire était, sans y prétendre, bien supérieur à un grand nombre de ses condisciples ; et l'on peut affirmer qu'il se retenait pour ne pas embarrasser dans l'argumentation l'un de ses professeurs. Mais un jour, cédant à la tentation, l'abbé lui porta tout-à-coup un tel assaut d'armes scolastiques, que le professeur lui imposa silence, et que Lacordaire, avant tout, pénétré de respect pour ses maîtres, arrêta qu'il ne parlerait plus. Ce fut une des deux raisons qui le décidèrent à demander son transfert au Séminaire de Paris trois mois avant la fin de l'année scolaire. Voici la seconde. Bien que tous les jeunes étudiants de Saint-Sulpice et

d'Issy eussent une excellente tenue, cependant il
y avait là, comme partout, un certain nombre de
combattants d'élite, que l'attrait de sa conversation et de sa supériorité portait dans les récréa-
tions à monter autour de lui une sorte de garde
d'honneur, croyant, d'après un texte de saint
François de Sales mais mal appliqué, « qu'il est
difficile de profiter avec le plus grand nombre (1). » Ces bons jeunes gens oubliaient l'écueil, la
jalousie, d'autant plus inévitable chez quelques
autres, que le petit bataillon comptait dans ses
rangs, outre les meilleurs élèves, quelques noms
blasonnés. Leur goût naturel et traditionnel pour la
distinction leur avait fait donner à l'abbé Lacordaire leur plus intime confiance. Non seulement ils
n'avaient pu résister à l'ascendant de ses manières et de son langage, mais, le dirai-je, de sa
pieuse et digne pauvreté. L'abbé, se rappelant
que la discipline défendait toute apparence de
préférences, n'hésita point à aller trouver le supérieur de Saint-Sulpice, et en obtint la faveur
d'immigrer sur son Séminaire. Et c'était vraiment
sa place.

Trois jours avant son départ, il vint à moi tout
tristement, me demandant pardon de me laisser
ainsi en route après m'avoir fait venir de si loin
pour ne point me quitter. Je lui promis tout ce
qu'il voulut de silence et de modération ; mais je

(1) Amon, 3e édition, t. 1er p. 64.

ne tins pas toujours parole, surtout quand je me
trouvais en tête-à-tête avec quelqu'un des vénérables Sulpiciens, qui, retirés dans cette partie de la
maison qu'on nomme la Solitude, recevaient,
avec une tendresse maternelle, nos secrets de comédie et nos chagrins d'un jour. Avant de nous
quitter, notre cher abbé recevait fréquemment
une visite insigne, celle de Monsieur l'abbé prince
de Léon, duc de Rohan-Chabot, alors attaché au
diocèse de Paris, et faisant, sous la conduite de
l'archevêque Monseigneur de Quélen, l'apprentissage de son archevêché de Besançon. Il avait l'habitude de venir à Issy, les mercredis avec le Séminaire de Saint-Sulpice, faire son pèlerinage de
Notre-Dame de Lorette, ayant soin d'arriver avant
notre départ pour les bois ou les grands chemins.
Le roulement de son équipage sur le pavé de la
grande cour mettait en émoi un certain nombre
d'élèves : imitant un peu leurs saints anges sur
l'échelle de Jacob, ils couraient sur nos escaliers
en s'annonçant « le prince »; et le prince prélat,
reçu par eux à sa descente de voiture, les accueil-
lait avec la grâce toute angélique qu'on retrouve
encore en ses portraits; mais il ne demandait
qu'un seul séminariste, le seul qui ne fût jamais
là à sa descente de voiture, et qu'aussitôt on
entendait hêler de toute part : « L'abbé Lacordaire! hé, Monsieur l'abbé Lacordaire!! » Le cher
abbé se laissait appeler, finissait ce qu'il devait
finir; allait tranquillement présenter ses devoirs

au jeune cardinal en herbe, puis revenait avec le même calme reprendre son travail, ou son chapeau pour la promenade. Il m'arriva un jour de le gronder de son peu d'empressement pour un prince si poli. « Mon cher ami, me dit-il, je ne le fais pas exprès, mais, sois-en sûr, le meilleur moyen d'être bien avec les grands de la terre, c'est de s'assurer qu'ils vous désirent. » En effet, d'après la Bible, « L'homme qui sait vivre, est fort réservé à visiter une personne puissante (1). »

S'il avait pu y avoir une exception dans l'application de ce principe, c'eût été à coup sûr pour M. l'abbé de Rohan, âme de saint avec une tournure princière. Sa jeunesse, la maigreur de son pâle visage, ses longs cheveux bouclés sur son cou timidement allongé, donnaient, à ce jeune cousin de nos bons rois, un air de souffrance et de piété contemplative. Son portrait lui imprime bien quelque ressemblance avec l'illustre abbé prince de Hohenlohe, chanoine de Grosswardein, dont les prières, si miraculeusement efficaces, étaient dès ce temps-là sollicitées par tout ce qu'il y avait en Europe d'âmes pieuses et affligées. L'abbé de Rohan était simple comme nous tous, et meilleur que nous tous. Il aimait les gens avant de les connaître, c'était le prêtre dans toute sa candeur. Il mettait à la disposition du premier abbé venu, ses gens, son équipage et toute sa

(1) Eccli. XIII, 12.

maison. Plus émus que Lacordaire à l'aspect des grandeurs, nous aimions à le questionner sur le prince, notamment sur la page effrayante de son histoire : la mort de la Duchesse, l'horreur qui saisit le jeune Duc, lorsque appelé par les cris de ses gens, il voit, à travers une épaisse fumée, une momie carbonisée, sur laquelle étaient répandus quelques chiffons en cendres et des diamants. C'était le corps de sa malheureuse femme qu'il attendait pour la conduire au bal. Dieu guérit en partie sa douleur par un remède que le monde appelle une folie, la folie de la Croix.

Mais le monde est très-fort contre Dieu, dont il éteint souvent les généreuses batteries. Aussi le Duc, pour plaire au Roi, faillit-il s'engager dans un nouveau mariage. Puis sa fidélité au souvenir de la Duchesse remporta la victoire : il cessa de fréquenter la Cour et se retira plus que jamais dans sa châtellenie escarpée de la Roche-Guyon. Il y offrait sa généreuse hospitalité aux artistes, et aux maîtres de la littérature catholique, en tête desquels brillaient alors deux noms aujourd'hui bien changés, MM. de Lamennais et Victor Hugo (1).

Enfin le Duc, entré à Saint-Sulpice, ordonné prêtre en 1823, et bientôt après nommé grand vi-

---

(1) Le P. Lacordaire écrivait en 1838 à Mme de la Tour du Pin. « A la mi-juillet, je traverserai Paris pour me rendre à la Roche-Guyon où je dois passer un autre mois. »

caire de Paris, loin d'abdiquer ses nobles allures, se plut à encourager le génie, les vertus et les talents, qui n'avaient besoin que d'un point d'appui.

C'est ainsi qu'il offrit son amitié fidèle à un jeune prêtre qui, au sortir du Séminaire de Saint-Sulpice, se faisait remarquer par l'intéressante solidité de ses instructions à l'adolescence parisienne. Bientôt le prince, nommé archevêque de Besançon, l'enlevait à Paris, où il eut fait certainement grande figure ; chéri des Bisontins, puis des Vosgiens, dont il fut évêque pendant de longues années, il sut maintenir inviolable ce bon esprit pleinement catholique, qui est l'honneur de la Lorraine. Assis sur le premier siége des Gaules, il y a prouvé, par la hardiesse de ses plans et la rapidité de leur exécution, qu'il n'était pas de ceux qui commencent sans savoir achever. Enfin, revêtu de la pourpre romaine, le cardinal Caverot s'est souvenu d'être fils d'un otage du Roi martyr ; il en a eu la parole, il en a le courage et la grandeur.

L'abbé de Rohan n'était pas le seul personnage important qui vînt partager nos repas. Tous les deux mois à peu près, le supérieur de la maison, le vénérable M. Ruben, frappant la table avec son petit marteau de bois, arrêtait court la lecture du réfectoire, et annonçait la rupture du silence par un lent *Benedicamus Domino*, auquel répondait l'explosion d'un joyeux *Deo Gratias :* c'était la bienvenue de S. G. l'archevêque de Paris. Mgr de Quélen était alors à l'apogée de sa faveur royale et populaire ; il n'avait encore d'autre prestige que son immense charité, sa piété affectueuse, ses titres de noblesse, sa figure et ses manières élégantes : c'était déjà beaucoup, mais on sait combien la persécution l'a depuis sanctifié, par conséquent grandi : l'intérêt qu'il prenait à l'abbé Lacordaire doublait alors l'affection que le digne archevêque nous inspirait à tous. Aussi Mme Swetchine avait-elle raison d'écrire au P. Lacordaire que Mgr de Quélen l'avait toujours aimé (1). C'est encore pour ses camarades de Séminaire un précieux souvenir, que d'avoir pu contempler à Issy, dans le silence de l'admiration, les traits vénérables et les épais cheveux blancs de Mgr Frayssinous, héritier du beau langage et de la physionomie de Bossuet.

Lacordaire était émerveillé de cette ressemblance ; et sa prédilection pour l'Evêque d'Hermopolis a fait penser que, dès ce temps-là, le futur dominicain s'était promis de continuer dans l'Eglise de France le genre oratoire de ce premier conférencier du XIXe siècle. On sait quel mouvement il avait, dès l'année 1803, imprimé aux idées de la capitale et de la France entière, en se posant dans la chaire de Saint-Sulpice comme *avocat* de

(1) Lettre du 18 avril 1857. Mme Swetchine, sa vie et ses œuvres, par M. de Falloux. — Tom. 1.

la cause catholique, si longtemps comprimée par le paganisme de la révolution. Prenant ses modèles dans les orateurs du Barreau plutôt que dans les sermonnaires, M#gr# Frayssinous avait laissé de côté toutes les anciennes formules, et raréfié les citations de l'Ecriture sainte, qu'il pensait avec raison devoir être de nul effet sur un public qui ne la connaissait pas (1). Nous voyions aussi quelquefois au Séminaire l'un des membres du Barreau de Paris, le plus en vogue, M. Philippe Dupin, dont le plus jeune frère, le baron Charles, déjà célèbre par sa science et ses opinions indépendantes, ne faisait nullement prévoir qu'en 1863 il plaiderait au Sénat la cause de la Papauté, et de la Société de saint Vincent de Paul avec tout l'esprit d'un homme du monde et le cœur d'un évêque.

(1) Lacordaire n'a jamais fait entendre qu'il approuvât la publication des *vrais principes de l'Eglise gallicane*, où M#gr# d'Hermopolis disait : « Soyons gallicans, *mais restons catholiques.* » Le gallicanisme n'avait rien à faire dans le catholicisme.

CHAPITRE IX.

—

EFFORTS SUR SOI - MÊME.

————

J'ai dit que l'amabilité de Lacordaire séduisait tout le monde. Ce n'était pas sans combat contre l'esprit de vivacité; il luttait sur le terrain de l'humilité pour battre le démon de l'orgueil, naturel aux gens d'esprit; sur le terrain de la pénitence contre la joie des succès oratoires; toujours armé en guerre contre lui-même, il agissait comme avec l'argent, toujours pauvre et toujours généreux : il s'étudiait ainsi à devenir ce qu'il fut, un saint ecclésiastique, comme il était déjà un noble esprit et un grand cœur. Cette amabilité était donc non seulement une qualité, mais un mérite; car les hommes très-énergiques sont rarement aimables; leur précision de volonté et la soudaineté de leur premier mouvement, s'appellent dans le monde des poêtes l'irascibilité (*genus irritabile vatum*). Lacordaire aussi aimable que vif refoulait donc un mouvement secret d'impatience ou de pitié en face des natures hostiles à la

sienne. Cette sorte de crispation intérieure se détendait comme un ressort, nettement, mais poliment et toujours en face de son homme, dans l'intérêt de la discipline, de la franchise et du salut. Aussi exerçait-il un tel ascendant que l'on n'était pas toujours à l'aise avec lui, et il se plaint dans sa correspondance de s'en être toujours aperçu. Je n'en ai pas souffert un seul moment au Séminaire : les six années qui nous séparaient ne me laissaient pas même soupçonner avec lui ce que c'est que l'embarras. Je lui disais dans la simplicité de l'adolescence tout ce qui me venait à l'esprit quand notre règlement intérieur me permettait de parler. Il ne s'en offensa qu'une seule fois ; et je bénis Dieu de la réprimande qu'elle me valut. Lacordaire me démontra en peu de mots combien la familiarité est la plus cruelle ennemie de nos affections : « elle les abaisse en leur enle-
» vant peu à peu leur tenue élégante ou régulière,
» blesse les convenances et la hiérarchie, et finit
» par rompre tous rapports entre gens bien nés,
» ayant toujours besoin les uns des autres. »

Pour me prouver que ses leçons n'étaient point de la colère, il voulut mettre à nos entretiens le sceau, non de la familiarité, mais de l'intimité fraternelle, et me demanda un beau matin de le tutoyer « Il n'y a, dit-il, que trois de nos amis à qui je donne ce pauvre petit témoignage d'une affection de frère ; vous serez, pardon, *tu seras* le quatrième. » Quand il fut dominicain, cette manière de lui parler en public m'a plus d'une fois gêné ; aussi en ai-je changé dans les grandes occasions.

CHAPITRE X.

—

LE PREMIER SERMON AU SÉMINAIRE.

J'ai entendu son premier sermon, déjà celui d'un orateur : c'était au réfectoire où, selon l'usage, les théologiens débutaient à tour de rôle, dans la chaire du lecteur, au milieu du combat des assiettes et des couverts. Le dîner qui durait de vingt à vingt-deux minutes ne laissait point de temps à perdre.

Qui voit-on monter le terrible escalier ? Celui que vous devinez bien, et que l'on s'indique l'un-à-l'autre, en se touchant du coude et regardant vers la chaire.

Au travers des premiers coups de dents que rien n'arrête, il commence d'une voix faible et retenue, comme il a toujours commencé depuis : mais d'un style toujours élevé et qui tient à être plutôt solennel que simple ; puis le voilà qui, d'une voix perçante, suit son mouvement oratoire ; il part, s'envole, et va se reposer au sommet du Calvaire, en saluant de toute son éloquence la Croix jusqu'alors infâme et devenant (ô prodige adorable !) l'instrument de notre civilisation. Et tous les yeux restent fixés sur lui, toutes les mains s'arrêtent, et ce fut pendant sa brillante invocation un moment de silence qu'on peut dire historique ; car ce premier discours, qu'on n'a pas conservé, a été le type de sa manière oratoire durant toute sa vie ; même début, mêmes gradations artistiques, mêmes repos à effet. Grande et bonne impression finale sur l'auditoire.

Le soir, à l'un des exercices de piété qui terminaient la journée, le supérieur rendait son jugement sur les sermons du matin. Que va-t-il dire cet excellent homme, M. Ruben, dont la langue un peu épaisse n'altérait en rien la sûreté de son droit sens, ni la clarté de son opinion magistrale ? « Le discours de Monsieur Lacordaire, dit le grave Sulpicien au milieu du silence et de la curiosité de tous, est...... généralement bon. » Il fit une pause, et chacun d'ajouter tout bas : *Mais...*

Mais, reprit le supérieur, il y a quelques défauts de détail qui n'ôtent rien aux qualités du fond. Ainsi la division n'est pas assez nettement indiquée, et il y a çà et là des inégalités qui s'effaceront avec le temps et l'expérience. En somme Monsieur Lacordaire a fait un bon discours. »

Un bon discours ! un bon discours ! répétaient en récréation les plus chauds amis de l'abbé ; déjà pas si bon, mon très-cher ; vous avez péché mortellement contre certains usages locaux. Quoi, vous osez ne plus dire : « Ceci est mon premier point, et cela mon second point ! » Discours manqué, criait un joueur en renvoyant la balle, vous avez oublié la meilleure des formules obligatoires : « Honorez moi, mes frères, de votre plus favorable attention. » Et le mouchoir donc, reprenait le partenaire, le mouchoir déployé à point nommé, et plié sur le bord de la chaire, pour mieux glisser en voltigeant sur l'auditoire. Mais soyez tranquille, on vous le renverra. Encore un mot, cher Monsieur l'abbé ; qu'une autre fois on vous voie en finissant chercher votre bonnet, et surtout votre péroraison.

Tels ou à peu près tels étaient les innocents brocards dont retentissaient les échos du jeu de paume d'Issy ; Dieu permettant dès ce temps-là que notre abbé eût ses enthousiastes qui ne lui reconnaissaient rien que de parfait, comme compensation à quelques gens du monde, qui, n'ayant pas comme ceux-ci l'excuse de la gaîté, devaient un jour, quoi qu'il fît, quoi qu'il dît ou écrivît, ne lui reconnaître absolument rien que de mauvais, ou de médiocre, ce qui est encore pis. Ils sont bien difficiles.

CHAPITRE XI.

—

SORTIE DE LA MAISON D'ISSY.

———

J'ai déjà parlé de son départ, puis j'ai repris des récits qu'on devait croire terminés. Excusez les *souvenirs* : ce sont tous oiseaux voyageurs, qu'il faut prendre au vol, quand ils passent ou repassent.

Je ne revoyais plus M. Lacordaire à Issy qu'aux jours de congé où les théologiens du grand Séminaire de Paris nous faisaient l'honneur d'envahir notre retraite villageoise, surtout notre billard. Pour me consoler de son absence, il m'écrivait.

Première Lettre.

Paris, 25 février 1826.

« Je t'ai abandonné avec beaucoup de peine. Le temps que j'ai passé avec toi vivra toujours dans mon souvenir, parce qu'il a été la source d'une amitié qui ne s'éteindra qu'avec nous. Crois, mon

cher ami, crois que je te suis attaché du fond
de l'âme et que je suis disposé à m'ouvrir à toi
sans réserve sur tous mes intérêts et toutes mes
affections. Soyons donc deux vrais amis, quoi qu'il
arrive; et prenons Dieu à témoin de nous aimer
jusqu'à ce qu'il nous réunisse dans son sein. Nous
sommes jeunes tous deux, nous sommes à l'entrée
de la vie; et il nous reste plus ou moins de temps
à subir cette épreuve que Dieu nous a imposée
avant de pouvoir le connaître et l'aimer pour notre
bonheur éternel. Aidons-nous mutuellement dans
cette voie difficile où l'homme trouve toujours
bien des chagrins et commet bien des fautes.
Avertissons-nous, consolons-nous, disons-nous la
vérité avec un cœur pur et naïf. Je le disais à
Alexandre (1) : l'amitié n'est si divine que parce
qu'elle donne le droit de dire la vérité aux hommes
qui la disent si peu et qui l'entendent si rarement.
Nous sommes unis dans la même foi, dans les
mêmes devoirs, dans les mêmes espérances ;
conservons toujours cette union; sois toujours
pieux, et persuade-toi que sans la religion la vie
est (ici le mot est enlevé par le cachet); conserve la
pureté de tes mœurs; c'est ce qu'il y a de plus
agréable à Dieu et aux hommes, et on ne se console
jamais de l'avoir même effleurée. Observe la règle
du Séminaire avec fidélité, et si quelquefois je t'ai
donné là-dessus un mauvais exemple, pardonne-

(1) De Bernes.

le-moi; tu as vu un homme bien pauvre en vertus et en piété, et tu as pu juger que les hommes ne gagnent jamais à être vus de trop près. C'est là notre misère : plus on connaît Dieu, plus il est grand ; plus on connaît l'homme, plus il est petit. Souviens-toi de D..., il est de ceux que la piété juge mal, et que le Souverain Juge voit avec compassion et avec amour, parce qu'ils ont le cœur de la Madelaine, de ces cœurs où l'amour naît du repentir et à qui l'on pardonnera beaucoup. Ne parle jamais du Séminaire qu'avec réserve et avec respect, comme on doit parler de tout ce qui approche du sanctuaire et des lieux où l'on a reçu le bienfait de l'éducation.

» Adieu, pense à moi, je ne t'écrirai plus jusqu'à Pâques, à cause de l'examen qui prend tout mon temps.

» Ton ami,
» H. LACORDAIRE. »

Seconde Lettre.

Paris, 5 avril 1826.

« Mon cher Joseph.

» Voici un petit mot qui ne te dira pas grand chose, mais qui te témoignera le désir que j'ai de te complaire et l'amitié que je te porte.

» Est-ce que ton séjour à Issy te pèse, mon bon ami ? Tu sais qu'en te proposant d'y venir, je comptais passer avec toi toute l'année et adoucir ainsi la solitude, et je pense que tu ne m'en veux pas pour t'y avoir amené. Pour moi, je ne regretterai jamais l'occasion qui nous a liés, et malgré les petits chagrins que j'ai eus depuis trois ou quatre mois, le souvenir de ce temps me sera toujours cher et précieux à cause de toi.

» J'ai assisté avant-hier à la cérémonie qui a eu lieu au Val-de-Grâce pour sa bénédiction et sa restitution au culte. Les princesses (1) s'y trouvaient et je les ai parfaitement vues. Monsieur de Maccarthy a prêché et m'a fait un plaisir infini; en sortant je n'ai pu m'empêcher de dire : voilà le premier orateur chrétien que j'aie entendu. Tu vois que nous ne sommes pas si étrangers que vous aux pompes de la terre et du Ciel. Je me plais de plus en plus à Paris; et je trouve que les grandes promenades ont un charme particulier quand on a été six jours entre quatre murailles bien noires. Je retournerai donc après-demain à Issy avec une grande joie et un grand empressement de te voir et de t'embrasser. Peut-être Ladey (2) et Boissard (3) y viendront ce jour-là.

» Adieu, tout à toi à jamais.

» H. LACORDAIRE. »

(1) Mmes les duchesses d'Angoulême, de Berry et d'Orléans.
(2) Professeur de droit à l'Ecole de Dijon.
(5) Conseiller à la Cour de Dijon. — Tous deux fort distingués et fidèles amis de l'abbé, malgré la divergence de quelques principes.

Le « mauvais exemple » qu'il craint de m'avoir donné est le comble de l'humilité; personne ne m'édifia plus assidûment et plus minutieusement. Resté seul laïque au milieu d'une centaine de jeunes abbés en soutane, je me trouvais embarrassé de mon indépendance apparente et cruellement privé de mon guide habituel jusqu'à l'heure du départ général. Heureux celui qui, se séparant des excellents prêtres de Saint-Sulpice, peut leur dire à revoir, et j'allais leur dire adieu.

C'est que sur le sol des villes, on ne fait pas germer une vocation aussi facilement qu'au village, où si souvent j'ai ouï dire : « Nous ferons de ce petit-là un monsieur le curé. » Et ces simples paroles tombant sur la bonne terre, y fleurissaient à vue d'œil, et finissaient par fructifier. Ni le bréviaire, ni le séminaire n'épouvantaient, dans ces chères campagnes, le bon petit garçon dont il s'agit de faire un robuste ouvrier évangélique ; encore moins ses parents, qui, après avoir échangé un regard d'amour et d'intelligence au pied de leur crucifix, avaient offert à Dieu leur enfant au prix des plus grands sacrifices. Le seul écueil des vocations à la campagne, ce sont les crises politiques, qui effarouchent les parents et diminuent subitement le nombre des séminaristes d'un bon tiers.

A la ville, il faut compter avec une éducation libre, et l'écho des bruits du monde qui ne cessent de faire à l'oreille des parents et du jeune fils de famille une musique qui n'a rien d'ecclésiastique;

elle leur met sur l'esprit un nuage d'idées fausses à travers lequel la soutane ne leur apparait plus comme la robe sacrée du Christ, mais comme une espèce de drap d'enterrement. Ils craignent pour leurs enfants le régime austère et prolongé du Séminaire ; mais aussi les vocations nées à la ville ont en général un principe très-solide contre les révolutions : c'est une conviction exercée et de longue date, ou une conversion sincère, et dans tous les cas, un ardent désir de faire servir au bien de la société toutes les qualités d'une bonne première éducation, tous les avantages de la fortune et d'une instruction développée.

Troisième Lettre.

Paris, 51 décembre 1826.

« La marque d'amitié que tu m'as donnée par ta lettre, mon cher Joseph, ne m'a rien prouvé dont je ne fusse déjà bien sûr. Seulement tu n'aurais pas dû te rappeler ces deux ou trois billets de toi que j'ai eu le malheur de brûler, parce que j'en agis ainsi avec mes meilleurs amis quand je ne suis pas content de ce qu'ils m'écrivent. J'ai brûlé de longues lettres que M. D. B. m'avait écrites de plus de cent lieues ; et la première chose que j'ai faite en le revoyant, ça été de lui dire ce petit sacrifice fait en cachette à Vulcain. J'ai tort de me servir d'expressions mythologiques, car me voilà sous-diacre depuis huit jours. J'ai reçu les ordres moindres de la main de Mgr l'archevêque de Bourges, quelques jours avant l'ordination de Noël, et j'ai été fait sous-diacre le samedi des Quatre-Temps. J'aurais voulu t'écrire pour me recommander à tes prières ; mais je suis certain que tu m'y auras donné une petite part. En te rappelant ce que j'étais à cette époque l'année dernière, tu auras pensé avec grande raison que j'en avais besoin (1), cependant j'étais devenu un peu plus raisonnable qu'alors. Te souviens-tu qu'au jour de l'an, j'étais malade, et qu'on m'emboquait d'œufs durs pour me guérir ? singuliers médecins ; mais j'étais avec toi dans cette pauvre petite chambre et je me trouvais fort content. Aujourd'hui je suis dans un palais en compensation ; j'ai une anti-chambre, une cheminée en marbre noir, un beau lit de fer peint en bleu ; mais je ne t'ai pas et rien ne remplace un ami... J'ai vu ton frère, qui paraît résolu à mener la vie d'avocat avec une intrépidité et une franchise chevaleresques. Je l'en ai félicité et nous avons raisonné avec beaucoup de poids et de mesure sur les choses de la vie qu'il commence à prendre un peu plus positivement. J'espère que Dieu vous

---

(1) Le jeune ordinand se plaît ici à faire encore un acte d'humilité inexplicable pour qui l'a connu à cette époque.

bénira tous deux et que nous ne serons séparés ni en cette vie, ni en l'autre. Je ne sais ce que je te dis, je l'écris de l'abondance de mon cœur. Tu auras les dernières lignes que j'aurai écrites en 1826, les dernières pensées qui auront occupé mon âme, sauf la petite prière que je fais à Dieu en me couchant. Il est onze heures bientôt, si je ne me trompe; je ne me lasserais pas de t'écrire et de tromper le sommeil; mais il faut songer au lendemain.

» Adieu, aime-moi toujours, sois heureux cette année.   » H. LACORDAIRE.»

CHAPITRE XII.

LETTRE DE LACORDAIRE SUR LE COMMERCE MARITIME ET LA FORTUNE. — LETTRE D'HIPPOLYTE.

Pas de plus grand malaise en ce monde que de n'être pas à sa place. Sans doute on peut servir Dieu dans toutes les positions, et c'est l'essentiel; mais il s'agit de le servir de toutes ses forces, de tout son cœur ; et quand un homme occupe une case qui n'est pas faite pour lui, son esprit est à la gêne, son cœur est refroidi, ses forces inférieures à ses devoirs. L'infortuné déclassé rappelle ces condamnés chinois enfermés dans une cage où ils ne peuvent se lever ni s'étendre. Écoutons Lacordaire.

Quatrième Lettre.

Paris, 29 mars 1827.

« Tu me demandes, mon cher Joseph, quelques renseignements sur les études de l'un de mes frères (1) et je te les donnerai tels que je les sais...

» Le hasard, ou plutôt cette providence qui ressemble au hasard parce qu'on n'en aperçoit pas les causes et l'entraînement, entre pour beaucoup dans le succès d'une entreprise commerciale. Tel se ruine là où un autre s'est enrichi la veille ; les plus profonds calculateurs se ruinent là où se sauve un négociant d'hier. La simplicité et la bonne foi d'une âme noble qui ne sait pas se défier, sont une autre source de mécomptes et de pertes. On croit que le commerce donne et ne vend pas la

(1) M. Théodore Lacordaire, savant voyageur, mort professeur d'histoire naturelle à Liége.

fortune parce qu'on a quelques exemples d'une
élévation rapide en ce genre ; cela ressemble assez
à un champ de bataille où les soldats deviennent
généraux sur le corps de leurs officiers. Il y a beaucoup de chances de succès parce qu'il y a beaucoup de revers. Ajoute que l'esprit de commerce
est une science que l'on n'acquiert jamais lorsqu'on ne la trouve pas toute faite dans sa tête; ni
le talent, ni le savoir, ni l'expérience ne suppléent
un certain génie de calcul, dont la Providence
doue ceux qu'elle destine à échanger les produc-
tions et l'argent des diverses parties du globe.

» On a vu des hommes de beaucoup de mérite
perdre à ce métier le patrimoine qui ne leur avait
rien coûté et payer de la misère une ambition peu
sage. Plus que personne peut-être, tu es peu
propre au commerce, et je n'en voudrais pour
preuve que ton goût naturel pour la musique: ce
talent est presque rigoureusement antipathique
avec celui des affaires commerciales, quoi qu'il
puisse y avoir des exceptions. Il suppose une
imagination vive, une sensibilité prompte et qui
agit sur le coup d'une première impression, une
impuissance de rester longtemps à des occupations
sérieuses, toutes choses qui sont contraires à
l'esprit du commerce. Par la raison qu'un poëte
ne peut être un bon négociant, un musicien ne
peut pas l'être non plus. Il n'y aurait pour toi
dans cette partie que de l'ennui à attendre, sans
parler de la mauvaise fortune et du délabrement

de ta santé. Pour moi, mon cher Joseph, je suis toujours le même, bien portant. Il ne m'est rien arrivé dans ces deux ou trois mois qui vaille la peine de l'être dit, et tu sais par expérience que la vie du Séminaire est ingrate pour l'histoire et les récits épistolaires.

> » Je t'embrasse tendrement,
> » H. LACORDAIRE. »

Jamais Lacordaire ne m'écrivit plus affectueusement qu'entre les quatre murs de sa sainte cloison. Quand il en sera sorti, ses lettres se ressentiront de la fraîcheur de l'air et du rapt perpétuel de son esprit par le tourbillon de ses affaires. Le billet suivant annonce un nouveau pas dans sa carrière ecclésiastique.

Cinquième Lettre.

Paris, 11 juin 1827.

» Je t'envoie, mon cher Joseph, le certificat (1) que tu me demandes, et tu l'aurais déjà reçu si la retraite de l'ordination ne m'avait empêché de l'obtenir plus tôt. J'ai été fait diacre samedi dernier et j'espère que tu diras un petit mot au bon Dieu

(1) Du cours de philosophie au Séminaire sulpicien d'Issy.

pour le remercier de cette grâce qu'il m'a accordée. Tu me parles de mes affaires; nous n'en avons guère ici. Tu sais ce que c'est que notre vie, six jours de travail, un septième donné à la promenade, et toujours de même. Tu n'as qu'à regarder ta montre pour être instruit aussitôt que moi de ce qui m'arrive. Ma santé est toujours bonne. Parle-moi de la tienne, tu as besoin de te ménager.

» H. LACORDAIRE. »

Un mois après, le père d'Hippolyte recevait une lettre bien étonnante de ce cher artiste littéraire ; c'était une subite déclaration d'amour pour la sainte prêtrise, avec un cachet de conviction que ne saurait effacer toute assertion contraire.

S'il ne donna pas à cet appel d'en-haut la suite nécessaire, c'est un malheur, mais une preuve qu'il faut se tenir en garde contre le talent qui tue la vocation. L'un doit être soumis à l'autre si l'on ne veut s'exposer à gémir au milieu des vains triomphes de l'admiration publique. L'art est un moyen, la vocation un but. Bien que cette lettre ne soit pas de Lacordaire, j'ai cru devoir la donner à cause des leçons utiles qu'elles peuvent donner à ceux qui cherchent sérieusement leur voie.

Paris, 27 juillet 1827.

« Mon cher papa,

» Je ne sais par où je dois commencer... Tant de fois j'ai voulu le bien sans l'exécuter, la volonté de Dieu s'est fait entendre si souvent à moi sans que je l'aie suivie, qu'après toutes ces incertitudes, tous ces projets, je ne sais pas quelle confiance pourra vous inspirer la résolution dont je viens de vous faire part..... J'aurais en vain essayé de toutes les professions, une seule me convenait parce que Dieu m'appelait à une seule. J'ai tenté la carrière du barreau, je n'ai pas rencontré ce que j'avais longtemps cru voir dans la profession d'avocat : la chose a un beau côté ; mais tout cela est entouré de procédure, de chicanes, d'un travail longtemps aride et fastidieux. Restait la magistrature et la profession des lettres. Dans la première, je n'entrevoyais rien qui pût satisfaire mon cœur, mais beaucoup de choses qui l'effrayaient ; dans la seconde, j'ai trouvé quelque bonheur, le calme, l'indépendance, les charmes de l'imagination occupée de belles rêveries. Mais tandis que, maître de tous mes instants, sans inquiétude de l'avenir, ne faisant que des choses agréables, je croyais avoir trouvé tout ce qui devait combler mes désirs, je sentais au fond de mon cœur une inquiétude et un mécontentement que rien ne pouvait guérir. Je me suis adressé à Dieu avec ardeur, avec un complet abandon de tous mes goûts, toutes mes passions, toute ma volonté. Alors s'est présenté à moi cette idée que je ne serais heureux qu'en me consacrant au service de Dieu, dont la beauté et l'amour ne changent pas. Et du moment où je formai la résolu-

tion d'être un bon prêtre, je sentis dans mon âme,
et je dirai presque dans tout mon sang, une fraîcheur et un repos que je ne connaissais point encore. J'ai longtemps lutté contre ma vocation ;
que de peines je me serais évitées en me jetant
dans les bras de Jésus-Christ ! Quand je songe à
tous les obstacles que des parents irréligieux auraient pu mettre à une semblable vocation, je bénis Dieu de m'avoir fait connaître sa sainte volonté par la voix de mon père et de ma mère. Ah !
que je ne change jamais ! que le démon ne vienne
jamais troubler cette résolution qui me rend avec
la paix de la sagesse le cœur de mon tendre père.
*Il me fallait la présence continuelle des autels de
Jésus-Christ.* » . . . .

Il dit vrai : loin de l'Eucharistie on retrouve
le monde ou le démon, qui est le même mot re-
tourné. Voilà donc deux jeunes gens poussés au
sacerdoce, et celui-là seul qui résistait d'abord aux
moindres pratiques sera prêtre, pour prouver que
c'est Dieu qui donne la vocation. Les conseils la
soutiennent. Hippolyte avait une nature à la fois
trop vive pour ne pas aller d'une extrémité à
l'autre ; et trop tendre pour se soutenir dans le
subit isolement d'une cellule. A Saint-Sulpice,
il eût pu tenir contre les assaillants du dehors, ce
Séminaire gardant encore quelques points de contact avec une éducation urbaine ; mais passer
d'un seul bond, de l'excès de la civilisation parisienne à un apprentissage de missionnaires des-

tinés à la vie chinoise ou sauvage, c'était risquer d'étouffer sa vocation dans son nid. Pourtant, quel nid céleste ! car un dernier billet d'Hippolyte, tout en faisant présager sa prochaine envolée, met à découvert le trésor qu'il y avait trouvé, une âme vraiment sanctifiée par le repentir, une droiture de cœur et un style digne de la prêtrise.

Une fois sorti des Missions-Etrangères, sans guide, surtout sans Lacordaire, seul véritable ami, le pauvre enfant rejoignit une camaraderie littéraire, qui lui montrait le succès et le pain quotidien, comme aux alouettes le miroir. C'était bien sur celui-là qu'essayait chaque jour de se poser cette volée d'étourneaux littéraires, qui oubliaient Dieu. Hippolyte ne l'oublia point, quoiqu'ils fissent, et il atteignit le succès, quoiqu'ils fissent encore. Mais, lancé sur la voie des gens de lettres, il écoutait son esprit plus que son âme, et perdait sa vocation. A tout prix, Dieu tenait à sauver cette belle âme, qui lui avait offert les prémices de sa raison élégante, et de ses pieux récits. Or, quand Dieu fait à quelqu'un l'honneur de l'appeler, il faut qu'il vienne ; sinon l'amour divin, jaloux, le fait enlever par les bras de la douleur et de la mort.

L'auteur de la première défense des Jésuites et d'une histoire du clergé de France (1), voulut,

(1) Trois volumes in-12. Paris, Bricon, éditeur, 1828 ; à Lyon, Périsse, rue Mercière, nᵒ 55.

dans un bon mouvement, abriter sa dignité sous une toge de magistrat.

Il l'obtint de M. le président Séguier, qui, moins haut et plus élevé que certain parquet de province, nomma le jeune historien juge auditeur dans le ressort de Paris. Mais bientôt les juges auditeurs furent supprimés.

CHAPITRE XIII.

L'ABBÉ LACORDAIRE AUMONIER. — PROJET D'ÉMIGRATION. — LETTRE. — LES LYCÉES D'AUTREFOIS ET LES COLLÉGES ECCLÉSIASTIQUES. — RÉVOLUTION DE JUILLET.

Le 25 septembre 1827, c'est-à-dire en l'année des premiers grands coups portés à la monarchie très-chrétienne par le libéralisme vainqueur aux élections, Lacordaire était ordonné prêtre, et envoyé comme aumônier aux Sœurs de la Visitation, de la rue Saint-Etienne-du-Mont, très-humble petit coin, caché derrière la paroisse de ce nom. Les saintes colombes qui y soupirent plutôt qu'elles n'y chantent la louange de l'Eternel, entendirent alors, de la bouche de l'abbé Lacordaire, ce qu'on appelle de l'éloquence, chose rare et probablement nouvelle. Les instructions étaient parfois sans doute un peu philosophiques, mais toujours très-pures de style, neuves d'idée, et surtout, d'après les regrets qu'y a laissés son départ, elles étaient fort attachantes. C'est bien là le triple caractère qu'on retrouvera jusqu'à la fin dans les plus grandes comme dans les moindres harangues du. cher abbé. Il n'en improvisa jamais que la forme, le fonds étant toujours fortement médité. Oui, c'est dans ce modeste abri, des modestes Filles de saint François de Sales, que le futur prédicateur de Notre-Dame aiguisait, comme en se jouant, ses brillantes armes oratoires, passant le peu de loisirs qu'il se laissait, à consoler sa pieuse mère de son éloignement du pays natal et de l'isolement parisien : « N'oublie pas, dit la Bible, les soupirs de ta mère. (Eclésiast. 7. 20) ». En 1828, il passe à l'aumônerie du collége Henri IV, rôle isolé, raréfié, sans autre influence sur la jeunesse, au dire des hommes du temps, que celle des conseils, du prône, et du *cours de religion* (1). L'usage des sacrements y était-il protégé... ? Et pourtant, faites

(1) « Voir dans l'*Univers* du 15 septembre 1868, le travail remarquable de M. Adrien de Thuret, et cette phrase d'un mémoire du P. Lacordaire sur l'impuissance de l'aumônier de ce temps-là, cette phrase : « Nos prétentions se bornent à.... faire « penser qu'après tout, il serait peut-être bien possible que l'E-« vangile fût l'ouvrage d'un Dieu... » L'*Invariable*, journal publié à Fribourg (Suisse), par le comte O'Mahony (1831) T. I, p. 193 donne le reste du mémoire.

donc entrer la raison dans de jeunes âmes qui ne soupçonnent même pas cette base de la vie de l'âme, la communion fréquente ! « On prétend, me disait un de ces chers confrères, que cela dérange les études.... » Comprenez-vous cela, le médecin dérange le malade ! Dieu dérange sa petite créature ! Quel dommage, ou quelle pitié !!! » Aussi Lacordaire ne sentant pas ses forces dépensées par ce rôle solitaire, songeait à les essayer sur les âmes du Nouveau-Monde, qu'il croyait elles-mêmes neuves et indépendantes. Les missionnaires américains ont remporté de si glorieuses et pacifiques victoires, depuis un demi-siècle à peine qu'ils occupent ce vaste champ de bataille ! Évêques et prêtres sont là comme en famille, sans autre étiquette que le respect inspiré par l'âge, le mérite ou la hiérarchie. Ces prélats missionnaires qui marchent sans crosse, et sans soutane, à la conquête d'un monde immense, Lacordaire eut l'idée de courir sur leurs traces, tant il croyait voir, dit-il quelque part, qu'ils portent Jésus-Christ dans leurs entrailles. Il y a bien un revers à la médaille. Dans ce pays dont la réputation de liberté séduisait Lacordaire, le prêtre n'a pas même celle de s'habiller hors de l'église selon les traditions catholiques, et encore moins de donner publiquement le spectacle de nos fêtes liturgiques, trop fécondes en pensées de conversions. Il y a telles rues, des villes les plus civilisées de cette libérale Amérique du Nord, où le prêtre ne pourrait, m'écrivait-on, paraître avec l'uniforme de son régiment catholique sans se faire non pas seulement insulter mais, *écharper*.

Mais quel Séminariste n'a pas, au moins une fois dans sa vie, oublié qu'il a dans sa patrie des sauvages bien autrement difficiles à convertir ! La Révolution n'a-t-elle donc pas en Europe ses Peaux-Rouges et ses Pieds-Noirs ?

Sixième Lettre.

Lungern, le 15 août 1828.

« Je suis venu dans ce petit village catholique, pour y célébrer la fête de l'Assomption ; car je demeure habituellement à Untersée, dans un canton protestant, si tant est que je demeure quelque part. Des excursions plus ou moins longues ont rempli mon temps jusqu'ici et m'ont empêché de m'ennuyer : étant seul, sans affaires, dans un pays étranger, il faut voir et courir. Au reste, je vais avoir bientôt des compagnons ; Lorrain (1) et Ladey doivent venir me rejoindre dans le courant de la semaine prochaine. J'aime mieux les avoir à la fin qu'au commencement ; leur privation

(1) Professeur à l'École de Droit de Dijon, premier auteur d'une excellente notice sur le P. Lacordaire, publiée naguère dans le *Correspondant*.

m'eût été pénible, au lieu que l'amitié succédant
à la solitude, il n'y aura que le changement de
plaisirs. Je me souviens, mon ami, que c'est un
jour de l'Assomption, il y a trois ans, que je t'ai
vu pour la première fois, avec ton petit corps fluet
et ta tête de fourmi.

» Cette miniature me plût assez : je n'aime pas
les créations amples, ces hommes énormes qui
vous écraseraient d'une chiquenaude, au lieu que
j'ai un penchant pour les existences frêles.

» J'ai été bien content de te voir à Dijon, mon
cher Joseph, et j'eusse voulu y demeurer plus
longtemps, nous sommes toujours bien où nous
sommes un peu aimés. On se lasse des voyages,
des grands projets, de la gloire, de mille illu-
sions dont notre jeunesse est pleine ; à la longue,
on revient à ce qu'il y a de plus simple ; on vit
ignoré dans un coin entre sa famllle et Dieu, l'une
pour nous délasser de nos devoirs, l'autre pour
agrandir ceux-ci, et se consoler, paysan ou roi,
d'être si peu. Mon ami, nous avons été bien mal
élevés ; il faut de la peine pour que le bon sens
nous arrive à travers ce fratras d'idées de collége
dont on a farci nos cervaux. On nous a tout appris
hormis à vivre. Heureusement la Providence s'est
chargée de compléter les leçons de nos régents :
elle n'a pas cru que ce fût trop d'elle-même et de
ses lentes leçons pour montrer à l'homme de quoi
il est question ici-bas.

» De combien de choses elle m'a désabusé ! Rien

n'est stable dans notre esprit, pas plus que dans le monde : les années lui apportent sans cesse de nouvelles observations qui ébranlent ses plus chères pensées ; et à la fin il ne lui reste rien que le peu qui soit immuablement vrai. Mon cher Joseph, nous deviendrons sages tous les deux par des routes différentes ; cette diversité de goût, d'espérances, de fortune qui n'est pas nous-mêmes, se ressemblera tôt ou tard : Il n'y a que la vertu ou le vice qui mettra entre les hommes une différence éternelle.

» Présente mes respects à M. Régnier, on revoit aussi toujours avec joie les gens vertueux, surtout lorsqu'ils sont assez bons pour nous témoigner quelque bienveillance, malgré la différence d'âge et de mérite.

» Adieu, je t'embrasse de tout mon cœur,
» H. Lacordaire. »

Jusqu'ici, sa vie demeure sans éclat : il prie, travaille et se promène en laissant faire la Providence. « L'important, disait-il souvent, n'est pas d'occuper une charge, mais d'en être capable. » Aussi le voyons-nous, fidèle à cet axiome, refuser à peine ordonné prêtre, l'une des plus hautes prélatures romaines, et se confiner à Paris dans l'ombre des aumôneries, en attendant que Dieu lui montre sa voie. Un moment, il crut la distinguer à la lueur du coup de foudre de 1830, dont un reste de ce qu'il appelle *le fatras des idées de*

collége, ne lui permettait pas d'apprécier nettement ni les principes ni les conséquences. Ce
coup de main de la franc-maçonnerie parisienne
était le résultat de ce que M. Thiers a justement
nommé une longue *comédie* jouée depuis la chute
de l'Empire par tous les mécontents aux dépens
de la Restauration. Ce gouvernement croyait les
gagner à force de bienfaits. Illusion : Auguste n'a
dit à Cinna « prends un siége » qu'en lui laissant
apercevoir la pointe de son épée; et la Révolution, fille de l'éternel révolté, n'est pas plus sensible que son abominable père. Or les lycées,
englobés par leur situation dans le mouvement
impérialiste, se trouvèrent tout naturellement
lancés dans l'opposition politique, qui ne s'avouait
pas révolutionnaire, mais libérale. De quelle libé-
ralité venait ce nom nouveau ? Je l'ignore, mais il
avait pour but de rallier les partis comme instrument de guerre. Quels étaient les principes philosophiques des libéraux ? Lacordaire, dans son
Testament, s'exprime ainsi : « Incroyant dès le
collége... j'étais libéral par instinct. » La conséquence est claire.

Voici sur l'esprit de ses camarades un petit fait
assez significatif, dont Lacordaire dût prendre
sa part.

En 1815, le comte Alexis de Noailles, connu par
noblesse de son caractère et son amour des récon-
ciliations nationales, fut envoyé par le Gouvernement, comme tant d'autres commissaires royaux,

pour annoncer en province le retour de la politique française à l'esprit de paix si longtemps exilé. Quelques colléges, anciens lycées, étaient inscrits sur la liste, entre autres celui de Dijon, où se trouvait Lacordaire, qui, l'année précédente, y avait fait sa première communion. Les recteur, proviseur, censeur et professeurs, à la tête de tous les élèves, dans la grande cour, écoutaient le noble comte féliciter la jeunesse d'échapper enfin au régime dont la passion belliqueuse prenait les fils de la patrie au sortir de l'école pour les jeter sur tous les champs de bataille et en faire de la *chair à canon*. Et quelle fut la réponse des enfants terribles à cette bonne nouvelle ? Un gros « *vive l'Empereur* ! » c'est-à-dire vivent la guerre perpétuelle et la persécution de la Papauté. Deux manies qui ont toujours porté malheur à la France et à l'Empire, et dont ces pauvres enfants ne comprenaient même pas la permanente vérité. A leur âge, sans doute, la gaminerie plutôt que la politique faisait sa profession de foi parfaitement ridicule ; mais s'adjoignant à un parti vivant et actif, elle commence à compter : elle a son bruit à elle, son petit pétard chargé à poudre, qui annonce la mise en marche de toute une génération vers l'armée du césarisme, couronnement de toutes les révolutions.

Notez que ces petits acclamateurs du despotisme ne se privaient pas trop de quelques bonnes révoltes avec barricades contre les maîtres de la maison, de horions et de coups d'écritoires sur le dos et la face des surveillants surnommés *pions* (abrégé d'espions). Les bancs, les tables et les vitres broyées avec fracas par ces imperceptibles Orestes, servant d'orchestre à leurs sémipériodiques Fureurs.

Telles n'étaient nullement les manières des petits séminaires ou collèges ecclésiastiques tenus par les religieux, notamment par la Compagnie de Jésus. Lacordaire, en 1825, visitant avec Hippolyte, comme je l'ai dit, le collége de l'Arc à Dôle, en avait admiré sincèrement la tenue, la propreté, d'après la maxime du saint Evêque de Genève « ni trou ni tache, » l'absence de tutoiement et de criaillerie entre les élèves, la surveillance à la fois digne et amicale, la discipline continue et paternelle, et le protectorat fraternel des élèves expérimentés et nommés « anges gardiens » sur leurs plus jeunes contemporains. La confiance publique en ces établissements, si soigneux de l'âme et de la santé de leur cher troupeau, devait amener des jalousies. Elles furent violentes ; on ne vit pas de meilleur parti à prendre que de machiner la chute des établissements religieux pour préserver l'accroissement des maisons laïques. Cependant n'est-il pas juste que tout le monde vive ? Ce ne fut pas l'avis de certains affamés. On multiplia les menées ; on réchauffa les haines surannées, on ralluma contre les Jésuites la guerre des calomnies cent fois démenties ; guerre des *forts armés* contre les saints désarmés ; guerre inepte qui n'a plus de prétexte, aujourd'hui que le jansénisme et le gallicanisme théologique sont enterrés ; enfin guerre impie contre des prêtres d'élite, et qui annonce toujours une grande mésaventure aux princes, aux prêtres et aux peuples qui ont le malheur de l'entreprendre ou de l'approuver.

Bref, en échange du service rendu à la Patrie par les généreuses Congrégations enseignantes, qui ne demandaient rien à l'Etat, une ordonnance arrachée à Charles X, sous le ministère d'un Evêque et le contre-seing d'un autre Evêque, font, en 1828, fermer tous leurs colléges. Comme jadis le pape Clément XIV, le roi n'avait signé qu'avec répugnance ce qu'il regardait comme un acte d'ingratitude : à peine deux ans après, le parti libéral payait le roi de la monnaie du diable, chassant à coups de fusil derrière les barricades, à coups de pavés du haut des fenêtres et des cheminées la plus illustre monarchie, qui, par conciliation, avait cru pouvoir sacrifier (pour un temps) à des fourbes, les libertés de l'enseignement chrétien.

Voyez-vous cette nuée de libéraux voltairiens qui, depuis quinze ans, jouissaient de la paix, de l'abondance et de la liberté la plus large, grâce à la Restauration qui les avait tirés du néant industriel de la Révolution et de l'Empire, aujourd'hui enrichis, décorés, titrés, indemnisés, pensionnés, faits députés, comtes et ducs et pairs et tout-à-coup désertant la cause royale, et se mettant d'accord avec la populace parisienne pour déclarer le roi *déchu*. Lui, le roi de France, déchoir ! mais n'est-ce pas faire déchoir la France entière aux yeux de toute l'Europe ? Puis les voilà qui désarment sa garde, le lendemain d'une victoire éclatante, étourdissante, de ce « roi très-chrétien » qui sans se lever de son trône, noble de dix siècles, mais par la force des bénédictions attachées à son sacre et répandues sur sa vaillante armée, enlevait à la Barbarie et donnait à la France toute une partie du monde, l'Afrique déjà marquée du sang de saint Louis et de ses innombrables héros. Le roi prit sa couronne ; et, la posant sur la tête de son petit-fils semblait dire au peuple : Voilà ta planche dans le naufrage. On répondit : il est trop tard. Et, depuis ce temps-là, on ne voit plus la planche mais de fiers naufrages.

L'auteur ne fait pas de politique ; il raconte.

CHAPITRE XIV.

—

FIN DE JUILLET 1830. — LES DEUX ARMES.

Par l'abattement des croix, la révolution venait de révéler deux forces nouvelles, dans un culte nouveau. Les nations que le Christ a tirées de la barbarie trouvent désormais son joug trop doux et trop léger : parlez-leur des arrêts si souvent impitoyables de la franc-maçonnerie, éxécutoires sous peine de mort. Le *Soleil de Justice* n'est plus la lumière ; c'est dans des Loges souterraines qu'il faut la chercher.

Le Fils de Dieu, allant au-devant de ses ennemis, ne prenait que deux épées rouillées (1) encore n'était-ce que pour la forme, avec défense de s'en servir. Les deux armes de la révolution sont la presse libre et la libre pensée ; et leur plus petit mot d'ordre peut jeter sur la place des millions de soldats déterminés, avec obligation de combattre à outrance (toujours sous peine de mort).

(1) Luc XXII, 38, 49, 50.

Lacordaire, qui avait vu de ses fenêtres engager le combat par des hommes sans uniformes ni musique, les entendait le lendemain exalter joyeusement leur victoire *sur une Monarchie de dix siècles.* « Les Tuileries, nous dit-il, étaient pleines, comme je devais les revoir dix-huit ans plus tard... Témoin d'une des grandes scènes du monde, la chute d'une dynastie et l'avénement d'une autre. » Terminée en dix-huit ans, ce n'est qu'un règne et non une dynastie. Et ce règne sera suivi d'un Empire de dix-sept ans, qui est encore moins une dynastie. Mais de deux armes qui, en trois jours, peuvent renverser une monarchie de dix siècles, on pouvait assurer qu'elles renverseraient 1830 lui-même, et 48, et 70. et toutes les forces parlementaires et matérielles du présent et de l'avenir.

Il est remarquable que seul entre tous, Charles X soit parti en roi, lentement, solennellement, entouré de sa famille, la plus noble de la chrétienté, et de ses gardes du corps qui, arrivés au port, lui remirent, en pleurant, leur drapeau. Europe ! salue ton dernier ami. N'avait-il pas le droit d'attendre qu'elle vînt tenir la promesse qu'elle avait signée de maintenir son trône en échange de la paix qu'il lui avait si longtemps assurée ? L'Europe s'en garda bien, trop pressée de faire enfin tomber la couronne temporelle du Pape dont les rois de France étaient le soutien.

Charles X n'avait abdiqué qu'en faveur de son

petit-fils , dont le droit restait réservé. L'Eglise n'abdiqua point ; et Lacordaire vit plus que jamais dans le Cénacle les deux épées, dont cette fois le divin Maître ordonnait de se servir, le mouvement et la parole. *Ite et Docete.*

CHAPITRE XV.

ESPRIT DU GOUVERNEMENT NOUVEAU. — TENTATIVE D'ÉDUCATION NOUVELLE.

Le duc d'Orléans, élu par la révolution, devait, nous dit Lacordaire (1), à son éducation faite au XVIIIe siècle, de n'avoir « rien appris de Dieu, ni dans l'exil, ni dans la prospérité... Sur le trône, il croyait avoir des ennemis et ne leur devoir, au lieu de l'équité qui rallie, que le mauvais vouloir qui contient. » Campé, pour ainsi, dire dans les alarmes, qui lui avaient inspiré la création d'une garde nationale (où nous avons dû jouer péniblement au soldat pendant tout son règne), le prince inquiet entendait de là-haut craquer de toutes

(1) Testament, 56-57.

parts l'édifice des traités européens, tandis que ses ministres regardaient prudemment aux quatre points de l'horizon rembruni si ce qui venait de la flûte (ou d'un caprice du peuple) ne retournait pas au tambour. Premier prince du sang, il n'eût peut-être pas demandé mieux que de se faire un établissement très-chrétien. Des gens qu'il n'estimait pas lui faisaient gratter ses écussons, fermer l'église de Sainte-Geneviève, patronne de Paris, défendre la lecture annuelle du testament de Louis XVI et annuler celui de Charles X ; laisser tomber l'observation légale du Dimanche, chasser des régiments le prêtre, confident et consolateur du soldat, ange du Dieu des armées. De plus, les préjugés philosophiques de son éducation première lui faisaient voir les moindres mouvements de l'Eglise ainsi que la renaissance de ses *droits enseignants*, avec ce que l'on a bien nommé « une méfiante neutralité. » Les journaux chrétiens, les évêques même, revenant doucement à la charge, avaient beau lui démontrer que c'était son intérêt de laisser l'Eglise lui former une jeunesse gouvernable ; il ne se souciait pas de l'Eglise enseignante, sauf à s'en repentir un peu plus tard.

C'est ce moment de singulier agacement, en octobre 1830, que choisit Lacordaire, de concert avec MM. de Montalembert et de Coux, pour ouvrir ce qu'ils appelèrent une *école libre*. Partant de ce principe (contesté par tant d'hostilités contre nos églises), que la Révolution s'était opérée pour la liberté, ils en réclamaient les conséquences en la prenant d'assaut, pour quelques heures, hélas; car la police les mettait librement à la porte de l'école libre, après une charmante petite scène de résistance (1). Et la Cour des Pairs, éminemment libérale, les condamnait à cent francs d'amende, non sans s'être donné le passe-temps d'ouir Lacordaire et le comte de Montalembert en leur éblouissant plaidoyer. Même candeur de conviction dans l'un et l'autre, même feu d'éloquence, même éclat dans l'attaque de l'imprenable citadelle, la liberté d'enseignement; même gloire, enfin, dans la retraite, où ils ne laissèrent rien à leurs adversaires que les frais du jugement, et conquirent avec un immense terrain dans l'opinion tout l'honneur du combat. Ce fut la première trouée dans le bataillon carré du monopole universitaire : c'est par là que s'élancèrent depuis, avec un retentissement illustre, les orateurs et les publicistes, évêques ou laïques, qui ont tant remué le monde avec cette grave question. L'abbé de Lamennais, brillant esprit, que l'on croyait ferme, venait d'obtenir un éclatant succès, en attaquant avec autant de vigueur que d'à-propos le vice du moment, *l'indifférence en matière de religion*. Il eut tout de suite un nom ; et, quoique Lacordaire ne partageât point ses opinions philosophiques, puisqu'au Séminaire il

(1) Voir les détails aux notes justificatives

m'avait appris à les contredire, il se laissait aller
à sa rencontre, espérant de tant d'ardeur pour la
vérité quelque miracle de résurrection dans les
libertés de l'Eglise. Comme le dit très-justement
M. Lorain, c'est l'imagination de Lacordaire qu'a-
vait séduite Lamennais comme celle d'une foule
de jeunes gens : ils cherchaient *un homme* à une
époque où les vrais hommes allaient devenir si
rares. Mais le cœur de Lacordaire, si délicat et si
humble, ne devait pas sympathiser longtemps
avec ce célèbre créateur d'une philosophie victo-
rieusement examinée par un docte Jésuite, le
P. de Rosaven. Et lui-même désignait plus tard
le système de M. de Lamennais *le plus vaste pro-
testantisme qui fût jamais*. Cependant une fois
assis sur le char littéraire du journal l'*Avenir*,
Lacordaire conduisit, avec non moins d'esprit et
plus de charme que le maître, cet équipage lancé
à fond de train à travers les questions les plus
brûlantes ; heurtant le Concordat, accrochant tour
à tour la tyrannie révolutionnaire et le protectorat
de l'Eglise par l'Empire et la Royauté, qu'il
confondait l'un et l'autre sous le titre de César.
Double erreur ! leur premier devoir n'était-il pas
d'assurer et défendre les droits de Dieu ? Un
gouvernement chrétien n'est point César. Il est
uni à l'Eglise par un contrat. Et cette sainte
compagne ne saurait vivre séparée de lui que
par un scandaleux divorce. Il n'est pas vrai
davantage que *César nous jette un sou dans la*

boue lorsqu'il paye à l'Eglise les rentes qu'elle a placées sur l'Etat à cette condition expresse, en lui confiant ses immeubles. Lacordaire lui-même, dans son testament, désavoue ces amusantes exubérances d'effet littéraire.

Enfin les justes craintes de quelques esprits droits qui se défiaient encore plus que Lacordaire des exagérations de M. de Lamennais, amenèrent en un an le déclin et la chute du journal l'*Avenir*. Les rédacteurs étaient partis pour Rome, avec le nom de pèlerins de la *Liberté* qui ne vaut pas la Justice, et dont le nom défloré, usé au contact de toutes les révoltes, a toujours fini par servir d'enseigne et de prétexte aux décrets les plus arbitraires et les plus justement détestés. L'étendard porta malheur à ses spirituels et nobles pèlerins, qui revinrent au bout de deux mois avec la désapprobation de leurs plans. Lacordaire qui savait, quel que fût son élan, s'arrêter net là où il soupçonnait la moindre part à une désobéissance, supplia de suite M. de Lamennais de serrer le frein.

Pour toute réponse, le fier Breton, harcelé de mille piqûres, s'emporta comme le ferait le plus magnifique coursier, n'entendit plus même Lacordaire qui, prêtre avant tout, et à bout d'avertissements et de prières, refusait nettement de le suivre. Il ne fit plus que battre éloquemment la campagne jusqu'à son dernier souffle. Courant après la popularité aux dépens du sacerdoce, il jeta le froc aux orties, et finit par appeler sur son nom de gentilhomme désormais sans particule, sur toute sa conduite littéraire et sur sa mort même, le poids du schisme et du néant. A moins, pourtant, qu'il n'ait incognito, comme le comte de C...., conquis en secret une absolution, sauf à en débattre la valeur dans l'autre monde. Que d'élévation et d'abîme dans une seule âme ! Ce pauvre M. de Lamennais, après son premier volume sur l'indifférence religieuse, que reste-t-il de tout ce qu'il a écrit et fait écrire ?... Celui de ses livres auquel il pensait peut-être le moins, la traduction de *l'Imitation du Christ*. Qui est-ce qui lit aujourd'hui ses œuvres démocratiques ? Personne : pas même la démocratie. Mais son Imitation du Christ ? Tout le monde et toujours.

Un *De profundis*, s'il vous plaît.

Je ne l'ai vu qu'une fois, en 1846 (1), pour lui remettre une lettre dans laquelle un saint prêtre des Vosges, M. Joseph Haustête, ancien militaire (2), lui exprimait, avec la franchise de ce noble métier des armes, sa douleur de voir un si bel esprit séparé de l'Eglise. A force de mamours et de citations vraiment bien amenées, il essayait de démontrer l'effrayante vérité, que son lecteur connaissait trop bien pour le repos de sa conscience, « hors de l'Eglise point de salut. » Comme se doutant de la douce remontrance, car il en recevait de pareilles

____

(1) A Paris, avenue de Lord-Byron.
(2) Aumônier des Bénédictines à Flavigny (Meurthe).

4*

(et par centaines, pour l'honneur de l'orthodoxie française), M. de Lamennais fit tacitement lecture de la lettre à l'inverse, commençant par la signature et finissant par la date mise en tête. Puis il me pria poliment d'exprimer à' mon ami ses remercîments et son respect. Et tout finit là.

L'auteur devait espérer mieux, ayant été l'un des premiers et des derniers à croire à la valeur de M. de Lamennais. Ordonné diacre à Nancy aux premiers jours de la Révolution française, M. Haustête en avait suivi toutes les guerres en abritant le secret de son diaconat sous l'uniforme de *commissaire des poudres*. Privé (et probablement dispensé) du bréviaire, qui l'eût fait lestement envoyer à la guillotine, il avait sauvé des ruines de sa bibliothèque un volume des *Offices de Cicéron*. Il en lisait chaque jour quelques pages pieusement en la présence de Dieu. Si ce supplément au bréviaire est singulier, on ne peut nier qu'il fût *romain*, et que la foi de son lecteur ne soit un ingénieux et robuste modèle.

Quelle tournure avait l'abbé de Lamennais ? L'air impassible, la taille petite et frêle, la face jaune et sillonnée de rides, les yeux vifs armés de grosses lunettes d'argent ; pour habit une antique redingote de bouracan gris comme sa chevelure, et un pantalon jaune... avec des bas noirs.

En France, le bon Dieu semble avoir toujours voulu que le prêtre déguisé ne sût jamais porter l'habit laïc.

CHAPITRE XVI.

—

LACORDAIRE AU LIT DE MORT D'HIPPOLYTE.

———

Au mois de mars 1832, Lacordaire revenait de Rome à Paris où le choléra faisait ses premiers et ses plus effroyables ravages. Je vois encore les voitures de tapissiers courir à travers les épais brouillards de la ville attristée ; et décharger dans mon voisinage, derrière les murailles provisoires de terrains à vendre (1), des monceaux de cadavres qui attendaient une fosse et un cercueil ! Dans ce moment de deuil, les esprits alarmés semblaient pour la première fois se rendre à l'invitation des prédicateurs et penser à la mort. Lacordaire, toujours prêt à paraître devant Dieu, reprenait ses études dans une pieuse obscurité.

Et son cher Hippolyte ?... Se fiant à sa plume facile et gracieuse, il voulait au moins échapper à la tombe que la Révolution allait de nouveau creuser à la rapide et fertile renaissance littéraire de la Restauration.

(1) Aujourd'hui la place de l'Europe.

Il avait présenté au théâtre sa pièce de *Napoléon à Schœnbrunn* avec assez de succès pour que cent cinquante représentations de suite n'empêchassent pas les curieux de se disputer les places; et, tout ce qui restait d'anciens amis de l'Empereur mort à Sainte-Hélène, y venait pleurer de joie et de tristesse, se délectant à le reconnaître dans l'acteur, tant Gobert avait finement étudié les poses de son héros, le chapeau sur le front, les mains derrière le dos, et la prise de tabac à la poche du gilet. L'auteur, enhardi par le succès, voulait réhabiliter dans l'opinion populaire les grands caractères que la Révolution avait flétris : il commença par Charlotte Corday. Mais un de ses *amis* littéraires porta de vilains coups de canif sur la pièce, tout en serrant la main de l'auteur, qui se replia dans son premier camp, celui des livres, recommençant alors contre la Révolution une nouvelle défense du clergé, un roman, des articles de journaux, des démarches infructueuses pour soutenir, par l'émolument administratif, le frêle édifice de son patrimoine et de sa santé.

Trop d'efforts et de fatigues, les nerfs brisés, l'âme abreuvée de chagrin, Hippolyte plia sous les accès d'une de ces fièvres ataxiques que le choléra avait installées à Paris comme un gage funeste de son retour. Pendant les six semaines de son extrême langueur, il eut le temps de me faire voir le fond de l'abîme où tant de jeunes aveuglés s'empressaient à descendre. Il appelait un péché grave contre le sens commun, la fureur qui porte un jeune homme à quitter les routes battues pour se jeter dans les aventures littéraires, et me citait avec une tendre admiration ceux de nos contemporains qui, fuyant les tentatives de la vaine gloire, s'étaient acquis devant Dieu, devant la société et leur propre conscience, mieux qu'un nom, l'honneur sans orgueil et la paix sans fatigue.

Belle âme d'Hippolyte, sois réjouie de voir, par le ministère des saints anges, tes leçons porter leur fruit, même à une heure tardive dans les âmes qui les ont recueillies. Et toi, son noble ami, Lacordaire, viens adoucir nos regrets et sanctifier par ta présence angélique la dernière heure de ton ancien compagnon d'armes. Dis-nous quel cœur a mieux aimé que le sien ; quelle main a plus largement et plus gaîment répandu la charité sous toutes ses formes ? N'est-il pas vrai que Dieu l'appela moins comme un juge que comme un père, puisque les cœurs pacifiques seront appelés les fils de Dieu (1) ?

Un des derniers jours d'automne, en 1833, Lacordaire apportait au pauvre jeune moribond les secours auxquels aspire toute âme chrétienne en ses derniers combats. Je l'entends monter l'escalier du vieil hôtel de Londres sur la place de l'Estrapade. Il avait abrité sous les plis d'un manteau son costume sacerdotal et le vase de l'onction sa-

---

(1) Beati pacifici quoniam filii Dei vocabuntur (Matt. 5, 9.)

crée. En voyant apparaître cette noble figure de prêtre qui cherchait à tempérer par sa douceur la solennité de son ministère, — Henri ! soupirait Hippolyte, dites-moi si je vais mourir ? — Mon cher frère, répondit Lacordaire, retenant l'émotion dont sa voix était pleine, vous allez vivre plus que jamais. Le pauvre agonisant comprit : « Mon Dieu, mourir si jeune !... Ce fut sa seule plainte. Il dit à Dieu son dernier mot : c'était une action de grâces. Et le lendemain, avant l'aube, il lui présentait son âme délivrée de la terre, et portant comme un manteau royal les sacrements de cette sainte Eglise catholique qu'il avait toujours défendue de la plume et du cœur.

CHAPITRE XVII.

DÉPART POUR ROME SOUS LE PATRONAGE DE L'ABBÉ LACORDAIRE.

Septième Lettre.

Paris, 9 mars 1835.

« Par suite de l'enterrement d'une de nos religieuses, je ne pourrai peut-être pas te voir. Ma mère te remettra une lettre pour M. l'abbé Thavenet qui est un excellent homme, logé chez un autre homme influent de Rome ; le paquet dont tu veux bien te charger pour lui, est le *Guide du Voyageur en Italie*. Tu y trouveras tous les renseignements possibles sur ton voyage, les routes, les choses à voir. N'oublie pas qu'avec l'argent, *il danaro*, on s'évite beaucoup de petits inconvénients, et qu'il n'est pas nécessaire d'en donner beaucoup à la fois. Adieu, mon cher Joseph, je te souhaite un heureux voyage, un bon retour, et prie pour moi au tombeau des saints Apôtres.

» H. LACORDAIRE. »

« L'excellent homme » dont parle cette lettre était un ancien missionnaire du Canada, membre de la Congrégation du Saint-Esprit ; ayant civilisé par l'Evangile tant de sauvages, pendant ses trente années de mission, qu'il ne vivait plus guère que de la vie spirituelle, et que sa belle âme semblait toujours prête à s'envoler. Il m'a conté qu'au Canada, lorsqu'il souffrait de l'estomac, ses sauvages lui appliquaient un traitement qui peut aller avec les œufs durs du Père Lacordaire.

On commençait par lui faire manger une longue tartine d'une épaisse couche de graisse de gibier ; puis quatre hommes, le prenant par les épaules et par les pieds le descendaient, à grande course, du haut en bas d'une ou deux collines, et la digestion se faisait (ou devait se faire).

« L'autre homme influent » qu'indique Lacordaire était un religieux français, le R. P. Vaure, le plus obligeant et intelligent Cordelier du couvent des Saints-Apôtres. On peut dire que sur les vingt-cinq années de son séjour à Rome, le P. Vaure n'a pas laissé une journée s'écouler sans un service rendu, ou le plan d'un service à rendre.

Je le retrouvai à Rome en 1854, tout occupé à soigner les intérêts des pauvres pèlerins français, ou à vaincre l'inertie de certains négociateurs qui ressemblent à certains poètes, *longs, lents, lourds*. Parti le matin, avec une liasse énorme, certificats, passeports, pétitions, mémoires ; il rapportait à midi son dossier réglé. Et ce n'est pas facile d'aller vite dans un pays comme l'Italie, où le char des affaires est un vieux et lourd carrosse, que poursuivent 40 degrés de chaleur à l'ombre, et auquel, dès le temps d'Horace, il manquait une roue sur quatre, mais qui cependant, finit toujours par arriver (1). — C'est la Papauté qui en est cause, criait le libéralisme italien. — Et maintenant, qu'il a saisi la caisse et versé le carrosse, aux cris de « *vedremo il fondo,* » est-ce encore la Papauté, qui en est cause ? Est-ce elle qui vous fait dormir, non-seulement la nuit, mais encore la moitié du jour, pour avancer les affaires ?... Allez, allez vous coucher, dormeurs, et endormeurs, et... *zitto.*

(1) Raro antecedentem scelestum
Deseruit pede Pœna claudo. (*Od.* II. L. III.)

Guidé par mes deux anges de la vie monastique, j'ai pu faire la connaissance d'une partie du clergé romain ; et je puis dire que, laissant à part quelques usages qui ne sont pas les nôtres, on trouve parmi ses membres un nombre admirable de savants et d'artistes de premier ordre, possédant à un degré supérieur l'habitude du savoir-vivre, et une douceur de manières qu'on chercherait vainement ailleurs en pareille proportion. Donc, sottises, inventions ou vieilles redites, que tout ce qu'on a publié contre Rome catholique depuis cinquante ans, pour introduire en Italie la révolution actuelle. Il est faux que le haut clergé s'y débauche et hante les théâtres ; les vrais Romains et les honnêtes gens n'ont jamais et nulle part été plus libres et plus respectés qu'à l'ombre du Pontificat royal. Il y a de mauvais prêtres partout ; peut-être *moins à Rome que partout ailleurs.*

L'année suivante (1834), Lacordaire voyageait en Allemagne où, sous prétexte de visiter les bords du Rhin, il courait après une âme, précieuse entre toutes, celle de son ami le comte Charles de Montalembert, qui, seul des anciens disciples de Lamennais, se cramponnait encore au conducteur malheureux d'une autre voiture versée. Il faut lire, dans la vie du P. Lacordaire par M. Foisset, avec quelle patience le jeune prêtre se voua, pendant trois années, à dégager le trop jeune et trop confiant pair de France, de la poussière du fatal fossé ; elle l'avait si bien aveuglé, que, jusque sur son lit de mort, on en retrouvait dans ses yeux quelques grains. Mais, une fois lavés, quels beaux yeux !... Qui dira les pleurs, les démarches, les pénitences et les flots d'éloquence épistolaire dépensés par Lacordaire pendant cet affectueux et difficile apostolat ? Si le comte avait eu l'heureuse inspiration de publier cette correspondance, on y eût trouvé un éloge du P. Lacordaire, tout différent de celui qu'il prétendit faire plus tard, en le ternissant par une explosion d'humeur injuste, intempestive, et une citation destinée au plus strict incognito. « Si j'avais pu regagner cette âme à la vérité, écrivait Lacordaire à Mme Swetchine, rien ne me troublerait dans ma position ; les attaques dont je suis l'objet ne feraient que nourrir ma foi et ma religion. Mais se voir, s'aimer, se parler avec confiance, et ne pas s'entendre quand il s'agit de pensées et d'intérêts qui doivent remplir la vie ! C'est une sorte de supplice mystérieux dont je n'avais pas l'idée. » Ce supplice de Lacordaire devait être le même que celui d'un catholique sincère, marié à une femme incrédule ou dissidente. Tout convient, fortune, beauté, bonté même ; enfin tout ce qui est *nature*. Mais vienne le langage de l'âme, celle du pauvre jeune catholique se trouve bloquée par un langage plus qu'étranger, inintelligible : de là une antipathie fondamentale, c'est-à-dire le premier, le seul obstacle qu'il eût fallu faire disparaître pour rencontrer le parfait accord. Ah ! cette trouvaille veut encore autre chose qu'un notaire et des écus. « Enfin, dit-il, que la volonté de Dieu soit faite » : et elle se fit. Bientôt le jeune comte publiait cette pieuse histoire de sainte Elisabeth, qui devait gagner tant de belles âmes à la cause de la vérité.

Quant à prendre son auteur pour chef de l'opinion des catholiques, non : saint Paul avait dit « *non neophytum* ». Mais prendre surtout un laïc, et un laïc affirmant qu'*après la définition prévue et désirée* (de l'infaillibilité pontificale par le Concile œcuménique) *la lutte n'en deviendra que plus ardente et plus profonde* (1), non, non, non, surtout en face de l'éclatant démenti que lui ont donné l'admirable soumission et pacification de l'Église universelle. L'opinion et la foi catholiques n'ont qu'un même chef : il n'en faut pas deux.

(1) Préface du testament par **M. de Montalembert.**

CHAPITRE XVIII.

GLOIRE ET ÉPREUVE.

Revenu dans sa solitude parisienne, et frappé de la division éternelle des organes périodiques de la vérité politique, il rêvait leur réconciliation ; mais Dieu l'appelait à quelque chose de plus grand que ce travail des Danaïdes ; les faits eux-mêmes ont constamment prouvé qu'il n'était point destiné à un rôle politique. Quelle ligne suivre d'ailleurs, lorsque les Evêques ne disaient rien encore sur la question du droit gouvernemental politique, dont l'oubli et la falsification bouleversent le monde entier ?

A Paris, le collége Stanislas avait été pour Lacordaire le marchepied des Conférences de Notre-Dame, où, du premier coup d'aile, il prenait sa place parmi les plus grands orateurs chrétiens, et il n'en descendit jamais.

Vers cette parole ardente, expansive, s'était fait subitement un élan général ; tout ce qui avait du sens et de la vigueur, tout ce qui protestait instinctivement contre la décadence révolutionnaire, hommes et femmes, se disputaient la place pour l'entendre, le voir, en être vus, conseillés, consolés, conduits vers des régions plus pures, dont la jeunesse semblait avoir le sentiment, sinon la certitude. Ceux qu'il a si vite tirés du scepticisme et du vide sont innombrables ; et pourtant, l'un d'eux, dont l'ingratitude envers Lacordaire a tenu à honneur de se faire connaître, n'a pu s'empêcher d'attester ce mouvement dont il se proclame victime, car il demande pardon au public d'avoir été, dit-il, séduit et fasciné. Les Juifs ne parlaient pas mieux : *seducit turbas.* (Saint Jean, 7, 12.)

Un écrivain s'oublie approuvant l'ingratitude, et dit : « L'auteur a trouvé le vrai moyen de juger le P. Lacordaire, c'est de le dominer... » Alors le P. Lacordaire n'est pas près d'être jugé. Comment dominer ce qui nous écrase ?

A part l'ingratitude, n'est-ce donc pas offenser Dieu que d'accuser de vaine séduction, c'est-à-dire de fausseté, un défenseur aussi franc de la vérité religieuse ? Il vous déplaît après vous avoir ravi ? Mais s'il plaît à mille autres, voulez-vous l'empêcher de leur faire du bien ? Quelle responsabilité !

A toute injure, Lacordaire opposait son silence ; belle et sainte arme, qu'évidemment son divin Maître lui apprit à manier. Il en a fait si bon usage qn'on ne peut citer de lui une seule ligne, imprimée de son consentement, à l'adresse d'un ennemi. Il va jusqu'à supplier le plus énergique des journaux religieux, l'*Univers*, de garder le même silence devant les adversaires de sa fondation (1). *Jesus autem tacebat.* C'est Dieu qui le venge ; car je ne sache pas un de ses agresseurs dont le cœur n'ait été noyé dans un flot d'amertume en échange de la goutte de fiel ou de vinaigre qu'ils lui ont jetée ou même souhaitée. *Deus ultor.*

« Mais enfin, disais-je à l'un d'eux, montrez-moi donc, un seul passage de ses discours, un seul point de sa conduite, que, de son vivant, Rome ait condamné. »

Néant à la requête. Ne faut-il pas que la haine poursuive la renommée ?

De 1834 à 1850, sans préjudice de la guerre qu'on lui a faite après sa mort, Lacordaire fut non-seulement critiqué, ce qui est de droit commun, mais attaqué violemment par des savants qui se vantaient de découvrir *ses hérésies.* Sommés de les citer, ils se rabattaient sur un diminutif, disant qu'il *frisait* l'hérésie. Il ne frise rien, mais il vous défrise.

D'autres, n'osant l'attaquer en face, prenaient un détour, et faisaient pour Rome la petite bombe qui devait d'autant mieux éclater sur Paris. Ils lui reprochaient tantôt d'avoir suivi, tantôt d'avoir abandonné le *Maître* (2). — Accordez-vous, S. V. P.

(1) « J'ignore, écrivait-il à Mme Sw..., ce que nos ennemis publieront en France contre nous ; mais quoiqu'ils disent et impriment, *je ne répondrai pas.* Le malheur est le plus beau vêtement que l'homme puisse porter, et les ennemis ne savent pas ce qu'ils font en vous en couvrant. » (Corr. de Fal., 11 mai 1841.)

(2) M. de Lamennais.

Multi enim testimonium falsum dicebant adversus eum. Et convenientia testimonia non erant. (Luc, XIV, 56.)

Un de leurs mémoires était sur la table de Grégoire XVI, au moment où il reçut pour la dernière fois Lacordaire en audience particulière : « Voilà, lui dit le Saint-Père en déchirant le pamphlet, ce que je fais de ce qu'on m'écrit contre vous. »

Lacordaire a suivi M. de Lamennais *lorsqu'on le pouvait.* Il l'a quitté *quand on le devait.*

C'est démontré par tous ses historiens, depuis Lorain jusqu'à Foisset, en passant par le R. P. Chocarne. Ils sont irréfutables.

Quand un homme veut se pendre, on n'est pourtant ni fou ni ingrat pour ne pas vouloir se pendre avec lui.

CHAPITRE XIX.

—

MORT DE Mme LACORDAIRE. — DEUX LETTRES. —
SECOND VOYAGE DE LACORDAIRE A ROME.

—

Huitième Lettre, au père de l'auteur.

Paris, 4 mars 1836.

« Monsieur,

» J'ai été bien touché de la marque de souvenir
que vous m'avez donnée dans une si triste cir-
constance. Je me rappelle toujours avec reconnaissance toutes les bontés que vous m'avez
témoignées en divers temps, et dont la source, je
le vois bien, n'est point tarie dans votre cœur,
malgré l'éloignement qui nous sépare depuis bien
des années. Je vous prie d'offrir à Mme Régnier mes
hommages les plus respectueux et tous mes sentiments de gratitude pour son souvenir. Nous
avons perdu beaucoup en perdant la mère que
Dieu nous avait donnée. C'était une femme vraiment forte et chrétienne, à qui nous devons plus

qu'il ne nous est possible de dire. Elle n'avait plus qu'à jouir en paix de ses enfants dans une heureuse vieillesse, lorsque Dieu s'est montré jaloux de lui donner lui-même sa récompense. Je remercie Joseph du mot qu'il a ajouté à votre bonne lettre. Il sait combien je l'aime, et combien je désirerais lui voir un sort déterminé, si obscur qu'il pût être. Je vais bientôt après mes Conférences partir pour Rome, et j'y trouverai des occasions de penser à lui.

» Veuillez agréer, etc. »

» H. Lacordaire. »

Mme Lacordaire était une personne de petite taille, mince et frêle en apparence, mais ferme sans raideur, et d'une droiture qui se révélait dès le premier abord ; un de ces beaux caractères bourguignons pleins d'ouverture, de bienveillance et de fidélité. Ses traits, qui se reproduisirent en grand nombre sur la figure de son fils Henri, trahissaient par leur mobilité sa sensibilité exquise ; sa bouche, qui paraissait grande par la perte des dents à un âge avancé, était toujours prête à sourire, digne accompagnement de ses paroles qui ne sortaient jamais du cercle de la charité. Quand je voyais Mme Lacordaire, je ne pouvais m'empêcher d'admirer en elle la veuve chrétienne, repoussant, jeune encore, toute idée de nouveau mariage, pour vouer à ses quatre fils, ses soins, ses privations, l'autorité de sa piété et de son savoir-vivre.

Si la pauvre dame avait survécu au R. P. Lacordaire, je crois qu'elle aurait demandé à Dieu de mourir, plutôt que de voir les dernières volontés de son noble fils poursuivies et déchirées par un procès, dont ses deux fils, MM. Théodore et Télèphe, ont si dignement décliné toute solidarité.

Quelles furent les émotions de M. Lacordaire en juillet 1830 ? Si son fils Henri, avait remarqué l'air triomphant des vainqueurs de la rue, il n'avait pu voir les terreurs et les envolées des plus notables habitants de Paris et de la province, à l'aspect du drapeau de la guerre, revenant de Waterloo, provoquer les puissances qui croyaient l'y avoir enterré. Puis les démissions et les destitutions tombaient comme la grêle sur des familles honorables, génées, désolées. Parmi les magistrats qui refusaient le serment au nouveau régime, se faisait remarquer l'austère et savant M. Riambourg, président de chambre à la Cour de Dijon, qui avait introduit Lacordaire chez Me Guillemin, avocat en cassation. L'oncle d'Hippolyte, juge non moins austère, en faisait autant au tribunal de Paris. A Dijon, son père fuyait, poursuivi par des hommes de violence, qui, ne pouvant forcer les portes de l'hôtel d'Arcelot (1), grimpaient à minuit aux fenêtres de sa vénérable mère en criant : « Il nous faut la tête de ton mari, entends-tu ? Nous la

____

(1) Rue Saint-Pierre, 28.

traînerons dans le ruisseau. » Les dignes mères d'Hippolyte et d'Henri Lacordaire, et leur amie M^{mc} la présidente Riambourg n'avaient, en politique comme en religion, qu'une seule et même manière de voir, qui était du reste celle de tous les gens de bien d'alors. Pour les trois saintes femmes, le Prince désiré par une nation catholique, et sacré par l'Eglise, est toujours (même avec les défauts personnels) revêtu de deux caractères, éminemment vénérables, indélébiles, la majesté et la paternité, à qui l'on ne saurait porter atteinte sans un double sacrilége ; et ce sacrilége devait attirer infailliblement la double malédiction attachée à tout ce qui blesse l'Esprit-Saint, intervenu dans l'onction du sacre. Il faut avoir connu la bonne bourgeoisie chrétienne de cette époque pour se faire une juste idée, je ne dirai pas de la frayeur de Mme Lacordaire, qui ne s'effrayait pas facilement, mais de sa douleur profonde en face des signes de réjouissance du peuple de Paris, qui n'est certes pas la France.

On ne saurait trop recommander aux jeunes gens le désir de Lacordaire de leur voir *un sort déterminé*. La fixité c'est l'ordre qui détourne le caprice et sauve l'emploi du temps. Dieu même s'est astreint à la fixité, il fait toute chose dans la nature à temps fixe, et nous ne saurions mieux faire que d'imiter ce Père de la nature, puisqu'il est parfait.

Neuvième Lettre.

Rome, 23 juin 1836.

« Mon cher Joseph,

» Je suis très-content de mon séjour à Rome, sous tous les rapports. Le Pape, qui m'a donné une audience le 6 juin dernier, m'a reçu avec une bonté toute paternelle, et m'a dit les choses les plus encourageantes ; je ne l'ai pas trouvé vieilli ; il m'a paru aussi vert qu'il y a quatre ans.

» Les autres personnes que j'ai vues, entre autres le cardinal secrétaire d'Etat et le cardinal vicaire, m'ont fait un accueil très-cordial.

» Quoique j'aie vu plusieurs fois la Suisse, et que je l'aie parcourue presque dans tous les sens, je n'ai jamais visité la célèbre abbaye d'Einsiedeln dont tu me parles dans ta lettre du 12 avril ; je suis bien aise de voir que tu choisisses des sujets religieux pour sujet de tes études et de tes publications, quoique j'eusse aimé mieux te voir suivre une autre carrière.

» Tout à toi de cœur,
» H. LACORDAIRE. »

Dans ces mots « quoique j'eusse aimé mieux te voir suivre une autre carrière, » on reconnaît l'ami d'Hippolyte ; cher Hippolyte, qui disait si bien : « Si j'avais un fils qui vînt me demander lequel serait le mieux de faire de la littérature sa carrière, ou de se jeter par la fenêtre : La fenêtre, mon enfant, lui crierais-je, jette-toi mille fois par trente-six mille fenêtres. Puis, faisant allusion à certains esclaves de la presse, il ajoutait : « Vivre en vendant sa pensée au plus offrant, et à » tant la ligne ; allonger cette ligne non par un » besoin de vérité, mais de pot-au-feu ou de dé- » bauche, est-ce là le métier d'un homme ? J'en » connais qui le font, les misérables ! vrais gens » de sac et de corde. »

CHAPITRE XX.

—

SA VOCATION MONASTIQUE. — ROME.

Dans l'état de médiocrité où vivait alors la prédication française, à part une ou deux voix exceptionnelles, Lacordaire désirait rassembler un corps spécial de missionnaires soumis à une règle sévère, et affermis par le temps comme par d'illustres modèles. C'est ce qui manquait aux mis-sionnaires diocésains de certaines contrées d'où ils disparaissaient peu à peu ; la vie monastique n'admet pas les contrefaçons.

Du reste, Lacordaire n'eut jamais l'idée de servir lui-même de modèle oratoire, sachant que l'indi-vidualité non plus ne s'imite pas. Il y avait bien les Jésuites, ouvriers intrépides et redoutés de tous les ennemis de Dieu et de son Eglise. Leur esprit sérieux, uni et persévérant, leur piété et leur distinction, leur tact pour l'éducation, pour la conduite des âmes, leur courage à s'élancer et mourir aux premiers rangs, les feront toujours reconnaître, bien qu'ils vivent sans éclat, sans costume particulier. C'est ce qui avait inspiré à l'abbé Lacordaire, puis à M. l'abbé Jandel, son futur genéral, l'idée de se donner à l'illustre Com-pagnie de Jésus. Mais encore elle n'était pas spé-cialement vouée à la prédication. Enfin, il faut convenir que le génie oratoire de Lacordaire avait besoin d'une liberté et d'une spontanéité dont la célèbre Compagnie aurait pu ne pas s'accommoder tous les jours, bien que l'éloquent, mais plus calme P. de Ravignan avoue dans ses écrits ne s'être jamais senti gêné dans l'impromptu de ses périodes oratoires. D'ailleurs, les Jésuites vivaient, les Franciscains vivaient ; et Lacordaire tenait à ressusciter quelqu'une de ces grandes familles apostoliques, que la Révolution croit toujours avoir définitivement ensevelies, et dont l'esprit ou l'essence, comme il le dit dans ses Conférences, ne périt jamais.

J'entendais les gens qui ne connaissent l'histoire monastique que par les sottises entassées dans l'opéra des *Huguenots* lui crier : ressuscitez tout ce qu'il vous plaira, excepté les Dominicains : c'est le poignard, la torture, le bûcher, enfin l'Inquisition. Et il répondait doucement, comme le Sauveur : Lisez donc l'histoire, vous ne la connaissez pas et vous vous trompez. « *Erratis nescientes Scripturas.* » (Matt., XXII, 29). L'Inquisition est une *loi de police* ; les Dominicains sont une *fondation.*

Et il les fonda.

A toute œuvre durable il faut une base, le dévoûment, le don de soi-même : *qui vult post me venire, abneget semetipsum :* qui veut faire comme moi, dit le Christ, doit se renoncer. Voilà pourquoi Lacordaire va s'exposer à la mort.

Il veut rester à Rome *parce que* le choléra y règne (1). En sortir ? « Il y aurait lâcheté, disait-il, jamais je ne me suis mieux porté. » C'est le cas d'ajouter, avec l'Evangile, *qui odit animam suam in hoc mundo, in vitam æternam custodit eam,* qui méprise sa vie en ce monde l'éternise dans l'autre. (S. Mathieu, XVI, 24.)

Etabli depuis deux mois à Saint-Louis-des-Français, il peut, comme saint Ignace, saint François

____

(1) Lettre de Mme Swetchine, 21 août 1837. Corresp. de Falloux.

d'Assise, saint Dominique, saint François Xavier, saint Charles et sainte Camille, faire sa ronde dans les hôpitaux, et sa cour aux pestiférés. Enfin, ajoute-t-il, « jamais il ne s'est trouvé plus heureux (1), « nulle part il ne règne autant de sécurité, une liberté plus grande. » Chacun n'y fait pas un dogme de ses idées, une Eglise de son parti.» Ni de son journal par conséquent. C'est que Rome n'était pas encore une ville de régime nouveau, c'est-à-dire livrée à la liberté de la presse. Le mal et le bien n'y avaient pas des droits égaux. Là où ce malheur existe, un bon journal n'est ni une fiole de poison ni un verre d'eau sucrée ; c'est une épée et une cuirasse, au service de la vérité et du droit. En dehors de ce double aliment divin, l'âme de l'abonné tombe d'inanition par l'effet de la vaine pâture.périodique que préparent les impies, et qu'avalent les ignorants ; c'est le plus fort nombre.

Le journal français par excellence sera toujours catholique comme le Pape, indépendant comme la justice et soumis comme la conscience. Il verra toujours le droit où Dieu l'a fait naître, et non où voudrait le poser un intérêt sans droit, qu'on appelle la *possibilité* ou l'*opportunité*.

Mais pour un ou deux journaux chrétiens, que de malotrus bouleversant le monde ! Que d'ordures infectant l'air politique sans que l'on ose

(1) Lettre de Mme de La Tour du Pin, 20 avril 1837.

couper cours à la plus terrible des libertés ! Comment ! Un prêtre avec toutes ses études, son âge, son expérience de la conscience humaine, son talent littéraire, ne pourra lancer dans le public une page, une ligne, sans s'exposer à un coup de massue ; et voici un ignorant, un manant effronté, qui a juré de vivre de sa plume à tout prix ; et qui, sans étude, sans tact, sans conviction et sans aucun souci de flétrissure, monte, tout éperonné d'insolence et cuirassé d'erreurs, un journal comme toute autre monture ; et du haut de sa rossinante, pourfend les dogmes, la tiare, les trônes, les réputations, tout, et, avant tout, le sens commun et la vérité ! Le pays qui le tolère peut se vanter de laisser semer le vent pour recueillir toutes les tempêtes imaginables.

Lacordaire (1) continue l'éloge du gouvernement pontifical, en dépeignant la paix dont on jouissait alors à Rome. « Les passions lointaines qui voudraient s'y glisser, dit-il, y expirent comme l'écume au bord de la mer. » En effet, lorsqu'il plut à M. de Lamennais de faire éclater son pétard, *Les affaires de Rome*, la paix de la ville éternelle ne diminua point.

Mais l'année suivante apparaissait à Paris et à Rome la *Lettre sur le Saint-Siége*, où l'auteur, l'abbé Lacordaire, s'efforçait de parer la Papauté contre toutes les attaques. Lacordaire qui, nous

____

(1) Même lettre à Mme de la Tour du Pin.

l'avons vu, avait lentement mais d'autant plus sûrement conquis l'approbation de Mgr de Quélen, se posait ainsi à Rome et à Paris, parmi les apologistes du Souverain Pontificat.

CHAPITRE XXI.

CONFÉRENCES DE METZ.

Si Lacordaire ne put aussitôt jouir de son succès à Rome même, c'est qu'il dut la quitter, malgré tous ses projets de solitude, le 25 septembre 1837, pour reporter dans la Cathédrale de Metz un écho de ses Conférences de Paris. Il va sans dire qu'il ne partit de Rome, qu'après s'être assuré de la disparition sensible de son cher choléra ; vilain ami, à qui il n'avait tendu la joue que pour mieux ressembler à notre divin Modèle embrassé par Judas.

En allant à Metz par Nancy, il fait un petit détour pour revoir ses fidèles amis de Cirey, les excellentes familles Chevandier et de Prailly, renommées pour la droiture et l'élévation de leurs vues, leur hospitalité magnifique et le nombre des services qu'ils ont si largement rendus.

L'auditoire de la Cathédrale de Metz, composé d'hommes en grande partie, était tout parsemé d'uniformes appartenant aux deux armes d'élite, l'artillerie et le génie ; l'école d'application y figurait, toute surprise de découvrir des vérités plus certaines et moins bornées que les mathématiques. Le succès de cette mission, qui dura de l'Avent jusqu'à Pâques, fut des plus consolantes pour le noble évêque de ce pieux et antique diocèse.

« L'auditoire d'hommes, écrivait Lacordaire (1), ne fait qu'augmenter à chaque dimanche...

» Un grand nombre d'esprits, seulement après quatre Conférences, sont déjà frappés et ébranlés. J'ai tout lieu d'attendre, avec la grâce de Dieu, une moisson abondante. »

En ville, l'abbé n'avait pas moins de succès : fraîchement échappé du barreau, il possédait la double qualité de la modestie sacerdotale, et des allures d'un homme comme il faut. Aussi son usage de la bonne compagnie lui attirait-il les gens qui ne connaissaient du sacerdoce que ce qu'en disent les ennemis de Dieu. On l'invitait partout ; il dînait aux deux pôles, chez le préfet et

(1) Déjà en 1834, il avait attendu pour publier ses considérations sur le système de M. de Lamennais, que celui-ci eût résisté à tous les conseils en lançant au vent populaire les *Paroles d'un Croyant,* pompeuse criaillerie contre l'Eglise et la royauté.

chez les légitimistes : « Le parti républicain venait l'entendre en masse... Il était dans une tranquillité d'âme parfaite, et aussi content de son essai de province qu'il est possible (1). »

Très-bien ; voilà comment cela commence, et doit désormais commencer dans toutes les missions. Mais voici comment cela doit finir : oh ! pas de victoire sans combat ! Il le raconte lui-même à sa meilleure amie Mme Swetchine: « On répandit le bruit que le clergé de Metz avait supplié l'évêque de me retirer la parole, et que je serais contraint prochainement de partir (2). Cette nouvelle m'a fait prendre la résolution de ne pas quitter jusqu'à Pâques. Depuis ma dernière lettre, j'ai eu à subir les attaques des protestants et des républicains.

» Ceux-ci, qui étaient d'abord très-bien disposés, ont été blessés de quelques passages de ma *Lettre sur le Saint Siége...*

» Ils partaient de là pour faire des suppositions inimaginables et les plus divertissantes du monde. Me voici donc brouillé avec les républicains, justement par le même écrit que les légitimistes n'ont pas voulu annoncer dans leurs journaux ; et je parierais cent contre un, que le ministère et le juste-milieu ne sont pas contents de leur côté ; de

____

(1) *Ibid.*
(2) Lettre du 19 janvier 1838.

sorte que j'ai le bonheur incomparable de n'avoir pour moi aucun parti. » Comme c'est bien lui !

N'avoir pour soi *aucun parti*, et les voir se rallier à Dieu par la force de la logique, c'est un but magnifique; mais toutes les convictions ne sont pas des partis, surtout lorsqu'elles s'appuient sur le droit, l'histoire et la vertu. La religion elle-même n'a-t-elle pas été appelée par M. de Montalembert le *parti catholique ?* Un orateur sacré qui n'aurait pas pour lui ce parti-là, et ne voudrait pas l'avoir, prendrait certes un bien mauvais parti. Or, il y a des principes de l'ordre social aussi incontestables que la vérité religieuse, d'où ils découlent. Les hommes qui, à travers toutes les révolutions, restent fidèles à ces principes, ne sont pas plus un parti que l'Eglise : comme elle, ils sont dans le vrai, et il faut les avoir pour soi, ou risquer d'être dans le faux. Aussi le cher abbé; avec son cœur et sa bouche d'or, en fit-il la conquête.

Le petit orage des récriminations politiques finit par le doux tonnerre des applaudissements religieux. La mission de Metz laissa dans la Lorraine des traces si brillantes, que Nancy, ancienne rivale de Metz, eut raison cette fois d'être jalouse, et songea sérieusement à s'emparer de l'éloquent prédicateur. Mais pas plus à Nancy qu'à Grenoble, Lyon, Aix, Marseille et Bordeaux, qui le poursuivaient de leurs plus affectueuses instances, il ne voulait prendre d'engagement avant d'avoir accompli sa grande entreprise, la restauration dominicaine, résolu qu'il était d'avaler au besoin les plus amers calices, assaisonnement ordinaire du succès dans les œuvres de Dieu. Il définit assez nettement une de ces gouttes d'absinthe : « Quelques coups de verge, écrit-il, sont bien vite effacés du corps, quoi qu'il y ait mérite à les recevoir, et à sentir qu'on en est digne ; mais la persécution incessante des gens qui ne comprennent rien, ou qui sont envieux, c'est le crucifiement réel du chrétien. »

Outre les gens, qui ne comprennent rien, il connaîtra d'autres bourreaux mignons qui valent les premiers, s'ils ne les dépassent ; ce sont les gens qui comprennent tout, mais ne veulent rien entendre, de peur d'être forcés par la logique d'abjurer leurs préventions.

CHAPITRE XXII.

—

Désormais ce n'est plus l'abbé Lacordaire, mais le frère Henri-Dominique, que nous retrouvons prononçant ses vœux le 12 avril 1840, au couvent de la Quercia, près Viterbe ; de là il passe simple novice au monastère de Sainte-Sabine de Rome, et se remet sur les bancs d'une classe de théologie, avec cette sainte joie que connaissent les vrais travailleurs. « Si j'avais eu saint Thomas pour maître dès l'origine, soupire une de ses lettres (1), j'aurais eu bien des peines de moins. »

Mais déjà voici venir les grandes épreuves pour son cœur paternel : le plus cher (et le plus beau, dit-on) de ses fils adoptifs, M. Réquédat, meurt de la poitrine sous la double pression de la pénitence et du climat.

La foi du Père Lacordaire soutient ce choc de douleur. Il écrivait : « Le pauvre frère Pierre (2),

(1) XVIe Lettre à Mme de la Tour du Pin. Page 64.
(2) Page 66.

comme nous l'appelions, est avec saint Dominique, saint Thomas, avec tous nos Saints : il est le premier Français, depuis cinquante ans, qui ait paru dans le Ciel avec notre habit. »

Il est permis de croire que ce bien-aimé frère, aux séductions de son caractère, de sa physionomie (vraie tête de Christ) joignait surtout une belle âme, puisque Dieu lui accorda les premiers honneurs du martyre de la règle dominicaine.

Le R. P. Chocarne, exact et suave historien du Père Lacordaire raconte en quelques mots sa seconde amertume paternelle : huit mois après la mort de Réquédat, une nouvelle victime s'offrit à Dieu pour le succès de l'œuvre commencée, c'était son ami Piel que Réquédat semblait attirer encore au Ciel, après l'avoir attiré à la foi, et à la vocation religieuse. C'étaient comme deux braves fourriers du nouveau régiment monastique, qui partaient en avant-garde pour retenir les logements du saint paradis, deux protecteurs de l'Ordre qui étaient allés trôner à leur véritable place. Au milieu de ces cruelles épreuves Lacordaire trouvait le temps de m'écrire.

Dixième Lettre.

Rome, 24 juillet 1840.

« Mon cher Joseph,

» Aussitôt ta lettre reçue, j'ai fait près d'une personne influente, et la plus influente que je connaisse, une démarche pour ton protégé. (1) Mais je n'ai pas réussi pour le moment. Le gouvernement papal est dans de grandes appréhensions : le souverain Pontife est sérieusement malade, et s'est fait transporter de Rome à Castel-Gandolfo. Bien que sa maladie ne semble pas présager encore un évènement malheureux, on est tenu en garde pour le cas échéant. Si un nouveau Pape venait, il ne serait peut-être pas impossible qu'il y eût une amnistie, et c'est encore une raison pour laquelle le moment est mal choisi. Je ne me suis point adressé au Saint Père directement ; c'est toujours ce qu'il y a de pis pour obtenir quelque chose, vu qu'il s'en réfère à ses ministres, et que les ministres de tous les pays n'aiment guère qu'on fasse les choses sans eux. J'ai été bien aise, mon cher Joseph, d'avoir de tes nouvelles, et de savoir que tu es retiré à Nancy avec ta famille. On m'a dit

(1) Pauvre romagnole, condamné politique, pour lequel je m'étais borné à transcrire les vœux charitables de quelques habitants de Troyes.

que tu étais de la Société *Foi et Lumières*. Je t'en félicite sincèrement. Voilà les Académies *qu'il nous faut*, à la place de ces vieilles Académies de province, qui n'ont guère servi qu'à répandre le paganisme de la Renaissance.

» Tu as dû faire connaissance à Nancy avec le jeune Désiré Carrière, qui a un beau talent pour la poésie. Mais cela ne mène pas bien loin aujourd'hui ; le monde est dans un état trop sérieux pour entendre la voix des poètes : je regrette que Carrière compromette sa vie, en ne prenant pas quelque forte résolution (1). Du reste, la grâce seule de Dieu produit ces triomphes, et chaque jour se vérifie le mot de l'Evangile : Les *premiers seront les derniers* (le mot est arraché) et les *derniers seront les premiers.*

» Adieu, prie quelquefois pour les Français de Sainte-Sabine.

» Je t'embrasse comme autrefois de tout mon cœur.

> » Fr. Henri-Dominique LACORDAIRE. »

La Société *Foi et Lumières*, que le sans-gêne de la province a contribué à faire languir, et trop tôt mourir, était la création de l'esprit infiniment actif, solide brillant, et varié d'un membre de l'Institut de France retiré à Nancy sa patrie,

---

(1) Le jeune poète ne tarda point à prendre une très-bonne résolution.

M. le baron Prosper Guerrier de Dumast, ancien militaire, et de plus rose-croix converti par une étude profonde de la vérité. Nul n'a mieux réalisé l'oracle de David : *Exortum est in tenebris lumen rectis.* « Aux cœurs droits le jour vient même au sein de la nuit. » A chaque pas qu'il faisait pour s'enfoncer dans les ténèbres et relever le paganisme, il rencontrait la lumière éclatante de la divinité du Christ. Sitôt convaincu, il se mit, comme saint Paul, à rallier tous les travailleurs à un seul drapeau, celui de la religion et de la science.

Telle fut l'origine de la Société *Foi et Lumières*, pour laquelle le P. Lacordaire eût préféré le nom de *Science et Foi.*

Fondée en 1837, elle a servi plus tard de modèle à ces Cercles catholiques où la jeunesse est appelée à se distraire et s'instruire en bonne compagnie, et sous une sage direction.

Si peu qu'elle ait vécu, cette réunion a eu deux résultats heureux, 1° d'apprendre aux hommes d'études morales à se compter et s'unir. 2° de fonder un journal, qui ne fût ni un almanach incolore, ni le hérisson périodique d'une opposition à tout propos; mais qui, avant tout, cherchât le règne de Dieu et sa justice.

Voilà le but des premiers fondateurs de *l'Espérance, Courrier de Nancy.*

Ils commencèrent la campagne avec trois cents abonnés, votés d'enthousiasme sur la proposition du vénérable curé de la Cathédrale, ancien supérieur du Séminaire, M. Michel, qui, malgré son grand âge, commandait plutôt qu'il ne suivait le mouvement religieux en Lorraine. Il y appelait de tous ses vœux la résurrection des Ordres monastiques, et amassait depuis longtemps pour le premier qui s'y installerait un vrai trésor de bibliothèque. Il se plaisait à le dire à qui voulait l'entendre. L'ouvrage de M. de Dumast, qui porte le nom de la Société *Foi et Lumières*, est un véritable arsenal de preuves pour le Christianisme, contre les préventions populaires et les erreurs des vieux savants du XVIIIe siècle. L'auteur aura été le promoteur de tout essai contemporain pour l'amélioration morale, littéraire et scientifique de son pays, dont il a tracé un élégant portrait dans un livre intitulé « NANCY, Histoire et Tableau (1). » Devenu grand citoyen en devenant courageux chrétien, il a imaginé pour cette jolie ville l'importance d'une capitale (2).

Par une fortune que ses pieux habitants attribuent justement au céleste protectorat de Notre-Dame de Bon-Secours (3), la guerre, qui en 1870

(1) Un volume in-octavo. Nancy 1847. Vagner, éditeur, rue du Manége, 3.

(2) C'est en grande partie à ses démarches combinées avec celles de son beau-frère M. le baron Buquet, maire et député de Nancy, que l'on y voit aujourd'hui installées les Facultés de droit, de sciences et de lettres.

(3) Centre élégant de pèlerinage situé à l'extrémité du faubourg Saint-Pierre de Nancy.

paraissait devoir ruiner la ville, y a fait au contraire affluer l'élite des savants et des émigrés de Metz et de Strasbourg. Parmi les membres de la nouvelle Académie religieuse brillait plus d'un nom célèbre. Pour ne citer que les morts, c'était d'abord le grand historien, M. l'abbé Rohrbacher qui a quitté sa patrie, abreuvé de tristesse, après avoir eu la gloire de relever de sa tombe gallicane l'histoire universelle de l'Eglise catholique.

Puis venait chaque jour assidûment et sérieusement nous donner l'exemple du travail ou de la lecture, celui qu'on pouvait appeler la colonne de la Société, le pieux et jeune auteur des histoires de Lorraine et d'Austrasie, Auguste Digot, le type du savant provincial. Il pouvait en quittant Nancy s'asseoir à l'Institut ; il préféra le modeste séjour de sa patrie pour qui son nom est devenu une gloire. Modèle de la jeunesse en ses fortes études, c'est lui qui débutait en philosophie, avec son ami Maurice de Foblant, par protester contre les théories d'un professeur sans Dieu. On a de lui une précieuse démonstration de l'éclipse qui assombrit la terre au moment du dernier soupir du Christ, contrairement à toutes les prévisions astronomiques. Travailleur méthodique et passionné sans être infatigable, il mourait à 40 ans, épuisé de forces, mais plein d'œuvres et de nobles projets ; ayant mené de front avec l'histoire, l'étude du droit, au point de conquérir le titre de docteur,

et une couronne de lauréat à l'Institut de France.
Son ami M. de Foblant vouait son indépendance
à rédiger dix ans de suite gratuitement et hardi-
ment le journal géré par M. Vagner, organisateur
et directeur intrépide d'Œuvres charitables; soutenant tous deux la lutte contre une opposition
dont les agents avaient évidemment ordre d'empêcher par tous moyens le rétablissement des
Dominicains à Nancy.

CHAPITRE XXIII.

—

LE R. P. LACORDAIRE A BORDEAUX.

De retour en France, le Père voulut tenir de
primitifs engagements envers le digne archevêque
de Bordeaux, qui s'était distingué à Nancy comme
coadjuteur de l'apostolique Mgr de Forbin-Janson,
sous le titre d'évêque de Rose. A son arrivée,
Mgr Donnet lui communique une lettre ministérielle
exprimant le souhait de voir disparaître de la
chaire l'habit dominicain, que « beaucoup de personnes sages, disait la bonne épître aux Bordelais,

regardent comme une manifestation inopportune, capable d'arrêter les progrès du sentiment religieux. »

C'est ce qu'on va voir...

Lacordaire garde son costume en y ajoutant un rochet clair comme le jour. « La Cour d'Appel, le barreau, le clergé, les dames, tout le monde s'est montré content, et tous les journaux se sont répandus en éloges. Le préfet m'a invité à dîner... Il n'est pas plus question de l'habit que de rien, et le seul regret a été que je ne le portasse pas plus ouvertement en chaire. »

« Un ecclésiastique de Nimes, qui est fort dans l'aisance, m'a offert de me donner près d'Agen une maison qu'il vient d'acquérir... L'Evêque d'Agen est très-bien disposé : l'un de ses grands-vicaires m'avait offert une maison à Agen même. En attendant, par suite des démarches du bon Alfred de Falloux, M. le comte de Puységur, pair de France, vient de m'offrir une église et une maison à Rabasteins, sur le Tarn...

» Vous voyez que les maisons ne manquent pas. (Corr. de Fal., 308.) » Voilà le sentiment religieux arrêté d'une singulière façon ! Au milieu de ses travaux apostoliques, le P. Lacordaire ne perdait pas de vue sa chère Lorraine.

Onzième Lettre.

Bordeaux, 28 novembre 1841.

« Mon cher ami,

» Je te remercie de ton bon souvenir, et du prix que tu veux bien attacher à ma présence à Nancy, cet hiver. Je ne sais encore quels sont les projets de Mgr de Joppé (1) pour mon logement, ce qui fait que je n'ose accepter tes offres, de peur d'aller contre les plans épiscopaux. Le temps nous donnera conseil ; mais je n'ai pas besoin de lui pour apprécier dès à présent cette preuve de ton amitié et des sentiments de ta famille pour moi.

» Désiré Carrière m'a écrit de la Chartreuse de Bosserville, je serai bien aise de le revoir. Il me dit qu'il a achevé son poème, auquel il travaillait depuis longtemps. Je voudrais comme toi qu'il s'arrêtât là, et commençât un poème plus sérieux ; mais Dieu seul peut tourner son esprit là où nous le *voudrions voir*.

» Adieu, mon cher ami, ce sera un grand bonheur pour moi de te revoir après tant d'années, ainsi que ton excellente et chère famille, à laquelle je présente mes hommages respectueux en t'embrassant toi-même.

» Fr. Henri-Dominique LACORDAIRE,
» *des Frères Prêcheurs.* »

(1) Premier titre du coadjuteur de Nancy, Mgr Menjaud.

Le gracieux poète que suit, dans son vol, l'œil du P. Lacordaire, était le papillon qui fuit le réseau de sa chasseresse. Désiré Carrière, las de continuer dans son *Curé de Valneige* l'idée de Lamartine (1) en la corrigeant, imitait le grand poète, en épousant tout ce que pouvait rêver de mieux un jeune homme de lettres sans fortune, mais non sans vertu, et doublement *désiré*, car il fut demandé ; et cela seul ferait déjà l'éloge du noble cœur qui lui apportait si spontanément le repos et la fortune. A cette occasion le P. Lacordaire, qui l'avait espéré pour sa future armée dominicaine, disait : « Ceux qui se sont associés avec moi ne sont pas ceux que j'en avais cru capables. »

Cependant M. de Dumast, tout en prenant les bains d'Aix, obtenait de Mme Swetchine qu'elle pesât de toute sa haute raison sur celle du P. Lacordaire, pour qu'il consentît à donner à Nancy non-seulement l'Avent de l'année 1842, mais le Carême de 1843.

De son côté, le coadjuteur de Nancy, Mgr Menjaud, luttant contre les instances que faisait pour Paris au P. Lacordaire Mgr Affre, de glorieuse mémoire, lui écrivait la plus aimable lettre possible et, certes, il s'y entendait ; car nul prélat n'eut davantage la grâce extérieure et l'amabilité quand il le voulait. Mon vénéré père, qui savait aussi se faire aimer, y joignait ses instances ; et le P. Lacordaire lui répondait :

6

Douzième Lettre.

Bordeaux, le 19 décembre 1841.

« Monsieur,

. . . .

« Les regrets que vous m'exprimez me touchent beaucoup. Je me faisais une joie de vous revoir et toute votre famille. La Providence a éloigné ce moment que je souhaitais si fort, mais ce ne sera que pour bien peu ; le temps coule vite, et nous nous reverrons dans quelques mois. Car je n'accepte pas vos craintes sur les années qui vous sont laissées : Dieu et les probabilités sont trop en notre faveur. Joseph me fait de grands arguments pour me prouver qu'il vaut mieux faire la besogne en deux fois qu'en une ; je crois qu'il se trompe, je suis persuadé qu'il est préférable de présenter avec suite aux esprits les vérités de la religion, de manière à y creuser une trace profonde.

» Puis je ne suis pas assez libre de l'avenir pour être sûr de revenir où je voudrai : *Un tiens vaut mieux que deux tu l'auras.* Je vois bien qu'il est facile de retourner le proverbe contre moi, mais j'ai des raisons d'être sûr de mon hiver prochain, et je l'ai donné de tout mon cœur à Nancy.

» Soyez assez bon, Monsieur, pour présenter mes hommages respectueux à Mme Régnier et à

Mesdames vos filles que vous avez le bonheur d'avoir près de vous. Quant à Joseph, je l'embrasse bien tendrement. Et vous, Monsieur, je vous offre l'expression d'un souvenir né de vos bontés, et de la haute estime que m'ont inspirée vos vertus.

> » Fr. Henri-Dominique LACORDAIRE,
> » *des Frères Prêcheurs.* »

Les succès de la mission de Bordeaux ne le cèdent en rien à ceux de Metz; et l'archevêque, habile appréciateur, cherche à accaparer le P. Lacordaire, pour son diocèse, en lui offrant d'y fonder sa première maison. Toutefois, de Bordeaux à Nancy, pour Lacordaire, il n'y aura qu'un pas, grâce à sa parole deux fois donnée.

Il était précédé non-seulement par sa renommée, mais par l'envoi de son *Mémoire pour le rétablissement des Frères Prêcheurs;* bon plaidoyer d'un bon avocat et d'une excellente cause. Quel observateur, à cette époque, n'était frappé de l'insuffisance des forces du clergé séculier contre les fatigues qu'impose la régénération des esprits appauvris par la Révolution?

Les hommes nés avant nous n'ont pu, au milieu des guerres de la République et de l'Empire, entendre la voix des pasteurs enseignants; et leurs petits-fils fuient aujourd'hui la gêne des commandements de Dieu et de l'Eglise pour écouter le démon du théâtre, du cabaret, de la libre parole et de la libre conduite. Quand l'auxiliaire monastique fut-il plus nécessaire à l'ouvrier de la grande moisson ?

Le Mémoire défendait surtout la fondation nouvelle contre les vieilles répugnances héréditaires de certains membres du clergé séculier, et les frayeurs inexplicables du gouvernement de juillet.

CHAPITRE XXIV.

LACORDAIRE A NANCY.

Descendu à l'Evêché, le 24 novembre, le Père Lacordaire promena les deux jours suivants le bord de sa robe blanche que couvrait un long manteau noir ; ce n'était point encore la chape dominicaine.

Le dimanche, 27, à une heure après-midi, « en présence de tout Nancy » (1), comme il l'écrit lui-même, il paraissait dans la chaire de la Cathédrale, revêtu de l'habit dominicain (moins la chape noire), ayant passé sur son blanc scapulaire

(1) Lettre de Mme de la Tour du Pin, 28 novembre 1842.

et sous son blanc camail un surplis de lin, par égard pour les rapports entre l'Evêque coadjuteur et le gouvernement épouvanté ; lui-même était pâle et blanc comme un nuage au soleil.

Rien qu'à le voir monter l'escalier de la chaire, lentement, ses grands yeux baissés et le visage transfiguré par cette émotion... préparatoire, qu'on appelle la fièvre des prédicateurs, voilà l'auditoire bien disposé, et toutes les dames prises dans le même coup de filet. Pour la première fois à Nancy, elles semblaient moins nombreuses que les hommes, quoique ayant enlevé d'assaut les deux nefs latérales, et fait contre la nef principale plusieurs sorties avantageuses.

L'orateur agenouillé se lève timidement : d'une voix grêle, mais ferme et qui commandait habilement le silence, il découpe ainsi sa première phrase. « Il est... des hommes... qui prennent dans le creux de leurs mains un peu de terre... et qui disent... (forçant sa voix.) « *Tout est là ! L'homme n'est qu'un atôme de plus !* (baissant la voix) c'est l'axiôme des incroyants. »

L'orateur continue avec ce style pittoresque qui, selon le journal l'*Espérance*, de Nancy, défierait la plume la plus exercée. Il veut constater l'existence simultanée de deux camps antagonistes, et s'écrie : « Pour moi, je suis croyant : j'ai bu à l'une et l'autre coupe, et je suis heureux du choix que j'ai fait ; si fort heureux, Messieurs, que je voudrais communiquer au monde entier ma félicité. Dieu lui-même se communique à nous, moins parce qu'il est puissant que parce qu'il est heureux... Je m'adresse à ceux qui, après avoir sondé le vide du monde, cherchent instinctivement ailleurs le bonheur que leur âme droite ne saurait y trouver. Quant aux cœurs assez étroits pour que le monde les remplisse, que saurais-je leur dire?... Il faut que le dégoût du monde y pénètre et leur fasse désirer le ciel... »

A chaque audition nouvelle, l'affluence des hommes montrait leur sentiment aussi bien épris que celui des dames. Il fallait voir l'attention, le ravissement de l'assemblée, se retenant d'applaudir cet orateur, si totalement nouveau, dont l'originalité, la véracité, la puissance empruntait un charme de plus à sa noble physionomie et à sa belle tenue, à la fois élégante et pauvre. Non-seulement il fallait l'entendre, mais il fallait le voir, avec son regard euflammé et sa voix délicate, mais stridente, s'animer à dépeindre la stupéfaction de l'impiété déjouée : « Elle était parvenue à obscurcir, à voiler la vérité : *Diminutæ sunt veritates* (1). Mais la vérité est une essence, et les essences ne périssent pas... En la voyant reparaître vivace et triomphante, après d'effroyables luttes, les ennemis de Dieu s'écrient stupéfaits : Tiens, voici la vérité. Et nous qui croyions l'avoir si bien enterrée! » Comme un bon orateur

(1) *Ps.* **XI**, 2.

voit toujours les effets qu'il produit, le P. Lacordaire ne veut pas que son amour-propre y gagne ; et il termine ainsi : « Oh ! mes frères, je vous en conjure, que ma présence dans cette chaire ne soit pas un vain spectacle ; puissiez-vous venir m'entendre avec le désir sincère d'ouvrir vos cœurs à la vérité. »

Une grêle de compliments fondait partout sur le jeune moine qui s'en serait bien passé, car sitôt rentré dans sa chambre de l'Evêché, il engageait à coups de discipline sur ses épaules nues un dur combat contre le démon de l'amour-propre. Mais il avait beau faire et beau fuir ; les complimenteurs lançaient à sa poursuite et la prose et les vers... que je retrouve dans mes souvenirs :

> Monte à la tribune sacrée !
> Ton front noblement ingénu
> Fait croire que de l'Empyrée
> Un pur esprit nous est venu.
> Ta pauvre mais sainte parure
> Dans sa blancheur te transfigure
> Comme un souvenir du Thabor.
> Parle, ta logique étincèle ;
> Puis ton verbe éclate, et ruisselle
> Du feu qu'il comprimait d'abord...

Le poète Carrière avait aussi payé largement son tribut d'encens. Lacordaire, il est vrai, eût aux vers préféré des novices ; mais d'un payeur qui n'a qu'un cœur d'or on ne prend que ce qu'il peut donner : par exemple, les lignes qu'inspire au jeune poète l'audition de la huitième Conférence (sur la Trinité).

> Je ne regrette plus de n'avoir pu l'entendre,
> L'aigle de Meaux, planant au-dessus de la cendre
> Où naguère des rois brillait la Majesté,
> Sur ce pompeux néant crier ô vanité !
> Sa voix tonnait alors bien plus haut que la tienne ;
> Mais tu l'as égalé dans la chaire chrétienne,
> Moine, lorsque, debout devant l'Eternité,
> Tu nous découvrais Dieu dans sa triple unité,
> Et faisais concevoir à notre intelligence
> Que ce qui du Très-Haut nous dérobe l'essence
> N'est pas un voile obscur qu'il jeta sur nos yeux,
> Mais l'excès des clartés qui jaillissent des cieux (1).

Enfin le succès se faisait comme à Bordeaux, comme à Metz, comme partout, éclatant, prodigieux. Il se glissait bien dans la foule quelque voltairien qui ne venait entendre le P. Lacordaire que pour s'en moquer. Lorsqu'on abuse ainsi de la grâce d'une mission donnée à tout un peuple, on ne reste pas à la même place ; mais on recule, parfois, jusqu'à l'abîme, et l'on y tombe comme il en advint, à Nancy, de l'un de ces moqueurs périodiques. A quelques années de là, Satan, son maître, las de le faire rire des saints et de la parole sainte, voulut lui commencer son enfer dès

(1) Journal l'*Espérance*, 1843, p. 35.

ce monde par un sombre désespoir.... *ibi erit fletus et stridor dentium.* Donc, en pleine santé, en pleine faveur, honoré de fonctions élevées, le malheureux ricaneur, oubliant subitement tout sentiment d'honneur et de famille, et l'âme immortelle dont Dieu l'avait armé contre le néant, choisit, au contraire, comme les fous, la mórt pour héritage, et la mort éternelle; et s'en va, dans une ruelle immonde, se faire sauter la cervelle. Voilà, beaux ricaneurs, où vous a menés trop souvent l'exemple du dieu Voltaire. Heureux si quelque pauvre vieux chrétien, serviteur de votre enfance, quelqu'une de ces pieuses et humbles âmes que vous appeliez bigotte, quelque prêtre ignoré ou insulté, fidèle au souvenir de votre famille, dépose mieux qu'une larme inutile sur votre tombe égarée hors du terrain bénit, mais une prière pour vous à l'autel des miséricordes infinies.

CHAPITRE XXV.

—

L'AUDITOIRE. — LES DISSIDENTS. — LE BON LANDSMANN.
L'ÉLOQUENCE SACRÉE. — UNE BASOCHE CHEZ
M. A. DE METZ.

Tout auditeur de bonne foi se sentait frappé de
la lumière évangélique, de ce rayon de l'Esprit-
Saint qui, à travers la plus épaisse cataracte,
attire toujours la prunelle du côté du soleil. L'auditoire n'était plus seulement nancéyen, mais
lorrain ; les places étaient envahies aussitôt que
l'on rouvrait l'église, un moment évacuée pour
donner aux employés le temps de réparer le
désordre des chaises. On ne perdait pas une syllabe : « *Conticuere omnes, intenti que ora tenebant,* »
dit Virgile. Du premier mot, c'était là son secret, l'orateur saisissait son auditeur et se l'en-
chaînait jusqu'à la dernière syllabe. Vos yeux,
vos oreilles et toutes les forces de la compréhen-
sion étaient absorbées sans l'ombre d'une dis-
traction. La curiosité, l'étonnement, avaient attiré
et fixé là quelques représentants des religions
dissidentes, comme égarés au milieu du bon vieil
esprit de la nation franque depuis quatre-vingts

l'approche de la tribune sacrée, après avoir senti son cœur battre avec une telle violence qu'il se demande s'il ne lui faudra pas descendre avant d'avoir ouvert la bouche, il n'a pas plutôt laissé s'envoler de ses lèvres une ou deux paroles messagères de la paix, qu'elle se fait dans son cœur ; et il n'y reste plus que la puissance et le bonheur d'envelopper les âmes dans les filets du divin amour ?

Ici le saint roi David nous répond clairement : « C'est que le bon Dieu a promis de s'en mêler puissamment. » *Dominus dabit verbum evangelizantibus virtute multa.* (*Ps.* 67-12.)

Quelques avocats et gens de lettres organisèrent une basoche en miniature chez M. Alexandre de Metz, sous la présidence de M. Buffet, qui, dès la première séance, dirigeait les débats avec le sérieux et l'exactitude du futur président des plus grandes Assemblées politiques. Deux ou trois membres de la basoche se donnèrent rendez-vous dans la cellule du Père Lacordaire pour prendre ses conseils sur l'art d'improviser ? D'improviser sur quoi, demanda-t-il ? — Mais, d'improviser en général. — La première règle est d'avoir une idée ; autrement ce n'est plus improviser mais divaguer. Il faut donc exposer une idée, la développer, la prouver, en tirer des conclusions. Absolument comme au barreau. Avez-vous une idée ? Non ? Allez vite la chercher.

Quel désappointement pour ceux d'entre nous,

qui, pour la trouver, croyaient suffisant d'être appelés à la tribune. Mais il paraît que rien ne se dit bien sans travail, même avec le génie, dont le travail nous rapproche :

Icare, ô mon classique ami, ne vous souvient-il plus d'être tombé des hauteurs du soleil pour n'avoir bravé ses feux qu'avec des ailes de cire… ? l'une de ces ailes devait s'appeler la facilité, l'autre l'imagination.

CHAPITRE XXVI.

—

LACORDAIRE, DÉCIDÉ PAR LA DONATION DE LA BIBLIOTHÈQUE MICHEL, A FONDER SA PREMIÈRE MAISON DANS LE DIOCÈSE DE NANCY.

On a vu qu'avant Nancy, diverses offres de résidence avaient été faites au Père, à Meaux, à Bordeaux, à Nîmes, à Angers, surtout à Strasbourg, même en Angleterre et en Belgique. Il hésitait à prendre une décision, quand une démarche de M. l'abbé Joseph Simonin, curé d'un faubourg de Nancy (les Trois-Maisons), vint le tirer d'incertitude. Voisin et ami de mon vénérable père, dont le jardin touchait au sien, M. le curé s'était fait présenter au célèbre prédicateur bourguignon ; et de cette entrevue, entre deux âmes si éminemment droites et courtoises, était née une liaison sincère et durable.

Le P. Lacordaire en était à peine à la troisième Conférence à Notre-Dame de Nancy (décembre 1842), que le curé Simonin, venant, comme chaque semaine, faire son trictrac avec mon père, et croyant comme nous que le Père se bornerait à prêcher l'Avent, nous dit : Quel malheur qu'un pareil génie doive nous abandonner dans quelques jours ! Nous avions pensé, mon frère et moi, à un moyen de le fixer en Lorraine : c'était de lui offrir la grande collection de livres dont notre oncle, M. Michel, qui vient de mourir curé de la Cathédrale, nous a faits héritiers avec notre cousine la religieuse. Nous ne les avons pas comptés, mais l'ancienne Maîtrise en est pleine, et il peut bien y avoir de huit à dix mille volumes, — Offrez, offrez bien vite, dit mon père, qui trouvait dans la richesse du cadeau le secret assuré d'écraser la concurrence des offres du dehors. Les Simonin avaient le cœur de leur oncle, ancien confesseur de la Foi : ils étaient grands. Ils firent au Père une réception brillante, lui donnant pour convives un certain nombre d'hommes instruits et religieux. Au dessert, le curé, à qui son frère le vicaire laissait toute initiative, raconta, en présence de l'illustre invité, son généreux complot, pour décider *son installation dans le diocèse de Nancy*, lui offrant la propriété de la collection Michel, sans aucune autre condition que de *ne pas l'emporter hors du diocèse*. On ne pouvait alors en demander davantage au P. Lacordaire, puisqu'il n'avait encore en Lorraine que la permission donnée par M. l'ingénieur Jandel à son noble fils, futur général de l'Ordre, de poser la première tente dominicaine dans sa campagne de Champel, près Lunéville.

Nous attendions tous l'effet qu'allait produire, sur la vive imagination et le cœur si reconnaissant du Père Lacordaire, la généreuse ouverture de la famille Simonin, qui, selon nous, allait faire sauter la redoute, c'est-à-dire une masse d'obstacles et d'objections, et le fixer, tout d'un coup, aux environs de Nancy, en attendant Nancy lui-même. O mécompte, ô tristesse ! qui croirait que le Père resta froid, embarrassé, à nous déconcerter tous, pire que silencieux, balbutiant je ne sais quel remercîment banal, comme on dirait : Vous êtes trop honnête...

Un mutisme complet menaçait d'enterrer la fête, lorsque l'abbé (Marin) Simonin dit à son frère Joseph : Mais croyez-vous que le Père ait bien compris l'importance de votre offre ? le nombre et le choix des livres ? — Et le bon curé de reprendre aussitôt : Pourrais-je demander à mon Révérend Père s'il connaît seulement le nombre des volumes de la bibliothèque de notre oncle ? — Mais, dit avec simplicité le Père Lacordaire, comme dans presque toutes les bibliothèques de nos bons confrères, mettons quatre ou cinq cents volumes. Un bon éclat de rire de toute la tablée réveilla la gaîté : Huit ou dix mille volumes, mon Père, s'écrie le bon curé par dessus le joyeux vacarme ; et il explique le nombre et l'importance des ouvrages par les longues et dispendieuses recherches du collecteur, qui, depuis plus de quarante ans, s'était mis en rapport avec les libraires de France et de l'étranger.

Frappé de l'importance du don qui lui était offert, le P. Lacordaire demandait quelques jours pour consulter d'abord Mgr Menjaud, coadjuteur de Nancy, sur la question de résidence, et les autres prélats qui avaient fait les premières offres d'hospitalité, puis en revenait toujours à louer la belle fondation de M. Michel et la munificence de ses neveux. En tout ceci, reprenait modestement le généreux curé, nous ne faisons que remplir les intentions *formelles* du testateur, et ses *volontés décidément arrêtées* comme parle son testament (6 mai 1842). Il nous a toujours dit qu'avec la marche ascendante des intelligences religieuses, la résurrection des grands Ordres monastiques était *inévitable*, que c'était l'esprit de l'Eglise, et qu'il serait heureux de pouvoir y contribuer.

En se levant de table, le Père s'exclama et dit : Que la Providence est bonne, de m'offrir tant et de si précieux trésors littéraires, à moi qui n'ai jamais eu de bibliothèque jusqu'à ce que je dusse être à la tête d'une Communauté !

Le 23 décembre 1842, le P. Lacordaire écrivait de Nancy à Madame Swetchine :

« Mgr de Strasbourg m'avait fait témoigner un grand désir de me voir établi dans son diocèse. Je lui écrivis de Bosco ; il me répondit une lettre admirable, et j'allai le voir en me rendant à Nancy. Tout fut convenu entre nous, et déjà on entrait en pourparlers pour une maison à acquérir. Mais les dispositions si fermes et si générales que j'ai trouvées à Nancy, m'ont fait réfléchir ; le Coadjuteur m'a donné sa parole ; et de plus les héritiers de M. l'abbé Michel, ancien curé de la Cathédrale, m'offraient en don une bibliothèque de douze à quinze mille volumes, laissée par leur oncle à la charge de la donner à une maison religieuse qui se fonderait dans le diocèse. J'ai écrit à Strasbourg pour me dégager. L'Evêque a été à ravir, réclamant seulement pour lui notre seconde maison. Après quoi j'ai conclu avec les héritiers de M. l'abbé Michel, *et la bibliothèque est à nous.* » (Corresp. de Falloux, p. 35.)

Ainsi le don offert au R. P. Lacordaire par MM. Simonin triompha de tous les obstacles pour fixer en Lorraine la première maison dominicaine. C'est ce qu'ils avaient demandé à Dieu.

Dans la courte convention écrite par le P. Lacordaire lui-même, et sans aucune notoriété publique contraire, il ne fut stipulé aucun acte de prêt, d'usufruit, d'usage ou de dépôts de livres ; pas même un catalogue ; aucune donation faite au diocèse, ni acceptation par le diocèse ; il n'y a qu'une permission toujours révocable accordée par les donataires aux lecteurs studieux qui veulent faire des recherches sur place. Le don est pur de toute charge (1), supérieur aux attaques testimoniales (2), et de plus fortifié par la prescription de trente ans (3), excepté pourtant contre les voleurs et contre les menteurs qui leur ouvrent la porte.

Que l'on soit d'un avis différent, il me faudrait avoir bien peu de sens pour m'en étonner ; mais que par amour pour des livres, et par entêtement contre des religieux, on essaie de faire passer un Père Lacordaire pour un fripon, qui n'a quitté le monde que pour s'emparer de la bibliothèque d'autrui, ou pour un crétin qui n'a pas même assez d'esprit pour distinguer le dépôt qu'on lui en faisait d'avec la propriété qu'il s'en arroge ; qu'on propose de supprimer le témoignage sacré de sa parole vénérable et de sa délicatesse invulnérable, ce ne sont plus là des raisonnements, mais des infamies dont on se détourne dans le silence de l'horreur et du mépris.

(1) Le donataire n'eût voulu ni pu y astreindre ses successeurs.
(2) Code civil, art. 1541, 1543.
(3) Ibid. 712, 2219, 2262.

CHAPITRE XXVII.

—

MM. MICHEL ET ROHRBACHER.

Laissons s'apaiser, dans l'inanité d'une impatience passée à l'état chronique, ceux qui aiment beaucoup moins le P. Lacordaire que ses livres (*Libri sacra fames*).

Nous voici en présence de deux bibliophiles véritables, gens de bonne foi et de bonne volonté, qui loin de prétendre en savoir sur les affaires du P. Lacordaire plus que lui-même, loin de créer le droit et le fait à l'image des passions d'un autre siècle, savaient reconnaître que notre héros dominicain fut toujours et avant tout un prêtre inattaquable, un saint religieux, un des esprits les plus élevés et des plus hommes d'honneur de son époque.

Ayant eu en 1841 l'occasion de traiter avec le vénérable curé M. Michel une question d'art pour sa Cathédrale, j'arrivai chez lui, comme j'y étais invité, un peu avant midi, et j'eus l'honneur de m'y rencontrer avec le grave historien M. Rohrbacher.

Il y venait de temps à autre à la même heure, la seule qu'indiquât à ses amis le généreux hôte, la seule aussi qui laissât une heure et demie de loisir au professeur du Séminaire, dont M. Michel avait récemment quitté la direction avec une douleur profonde, incurable.

M. Michel, appartenant au clergé d'avant la révolution, avait conquis par son énergie persécutée le titre de Confesseur de la foi, tout en conservant, sans y entendre malice, quelque prévention gallicane contre l'esprit romain, que le langage voltairien et janséniste a baptisé ultramontain. M⁰ʳ de Forbin-Janson voulait un enseignement parfaitement d'accord avec l'esprit du Souverain-Pontife. M. Rohrbacher, solidement et complètement catholique romain, n'en était pas moins tendrement attaché à M. Michel, qu'il voyait partout à la tête des bonnes œuvres, et disposé à favoriser celle qui est la plus chère au cœur des Papes amis de la France, la restauration du clergé régulier. Malgré leur union, ou plutôt à cause de leur intimité, les deux amis, quand j'arrivai, se disputaient, honnêtement, bien entendu, M. Michel la voix un peu haute, et M. Rohrbacher, l'oreille un peu basse. —Voilà toujours comme vous faites, disait M. Michel ; aussi, tant que vous n'aurez pas rapporté les derniers prêtés, vous n'en aurez pas d'autres. — On devine qu'il s'agissait de quelques livres de sa grande collection entassée à la Maîtrise, et dont le savant venait comme d'ordinaire solliciter l'emprunt pour son immense travail. — *Eh bien mais*, répliquait le pauvre M. Rohrbacher, ils ne sont pas perdus chez moi. — Rapportez - les, répétait le soigneux collecteur, ou vous n'en aurez plus. — *Eh bien mais*, insistait le demandeur, vous savez qu'on ne peut pas toujours se dessaisir d'un volume pour consulter le suivant. — Voilà votre refrain, répliquait le défendeur : « On ne peut pas toujours, » si je vous écoutais, je vous enverrais toute ma bibliothèque. — Vous ne feriez déjà pas si mal de l'envoyer au Séminaire. — *Jamais*. Non, je ne l'y enverrai jamais.

Puis, tout-à-coup, il se lève et disparaît.

Nous voilà tous les deux seuls, mais à table, et sans règlement qui nous imposât silence. Je l'observais cependant avec d'autant plus de facilité que j'avais du grand savant une vraie et religieuse frayeur. *Lui ne me disant mot, je ne répondais rien...*

La bourrasque passée, dix minutes après, l'excellent M. Michel, qu'il fallait connaître, revenait (comme toujours en pareil cas) chargé des livres désirés ; et de plus tirait de sa poche un de ses flacons de vin de Constance.... sans doute pour récompenser la nôtre.

M. Rohrbacher, désespérant de faire refluer la bibliothèque Michel sur le Séminaire, se perdait à chercher où son collecteur pouvait la poser mieux qu'en ce tabernacle de la science ecclésiastique.—

Soyez donc tranquille, disait en souriant l'ancien Supérieur à son confrère, *j'ai mon idée*.

M. Rohrbacher cherchait toujours. Serait-ce à l'Evêché ? Impossible : le Supérieur destitué s'y croyait en disgrâce. Mais après lui, ses neveux ? Même obstacle : l'abbé Joseph, par la même défaveur que son oncle, avait perdu la place de professeur au Séminaire et, momentanément, quitté le diocèse. Ni l'Evêché, ni le Séminaire, ni la Cure de la Cathédrale, pas même celle des Trois-Maisons, ne pouvaient rester ouverts au public studieux comme le désirait le collecteur. Les Chartreux avaient refusé par esprit de retraite ; les Oblats, en dehors de la ville, manquaient de place et de possibilité de surveillance.

Et pourtant M. Michel continuait à dire « J'ai mon idée » d'autant plus qu'il avait eu vent de la possibilité d'une station donnée à Nancy par le P. Lacordaire, et qu'il voyait, dans l'installation d'un ordre nouveau dans le diocèse, le moyen d'assurer la bibliothèque contre certain danger qui vaut un incendie : le prêt des livres. Livre prêté, livre dépareillé ; volume égaré, ouvrage perdu. Seule donc, une maison monastique avec ses règles invariables, pouvait décréter un règlement appuyé d'une sanction pénale. Aussi, dès le milieu de 1842, l'avenir de la bibliothèque n'était-il plus un mystère, surtout quand le Curé de la Cathédrale l'eut nettement déclaré quelques semaines avant sa mort, en plein Séminaire de

Pont-à-Mousson ; entre autres témoins s'y trouvait M. l'abbé Gerdolle, devenu depuis dominicain.

M. Michel destinait sa bibliothèque au premier couvent d'hommes qui viendrait s'installer dans le diocèse. J'avoue que, malgré mon admiration sincère pour M. Rohrbacher, j'aurais partagé les craintes de l'ancien Supérieur du grand Séminaire, sur le retour de ses livres prêtés : il en fallait parfois une telle quantité à l'auteur de l'Histoire Universelle, qu'on voyait à peine sa haute et forte tête de la tourelle qu'il construisait à l'entour de sa table avec un triple étage d'in-folio, d'in-quarto et d'in-octavo, sans compter les in-douze. Mais nul volume ne sortait de sa chambre, et nul ne s'y perdait. J'en ai pu juger moi-même. Étant allé le voir à Paris dans sa triste retraite, je lui réclamai quelques volumes de mémoires sur la Révolution : Vous me les avez prêtés au Séminaire de Nancy, me dit-il ? *Eh bien mais enfin*, vous les y retrouverez dans ma chambre. Et c'était vrai.

Le vénéré M. Michel mourut d'une attaque en octobre 42 : M. Rohrbacher en fut désolé. Et le jour des funérailles, en tête de la colonne immense des prêtres accourus de la ville et de la campagne pour se presser sur le passage du corps de l'ancien confesseur de la foi, qui voyait-on, la figure sillonnée par deux gros ruisseaux de pleurs ? L'ami fidèle, l'ancien compagnon d'armes professorales, si souvent bourré, mais si vite exaucé de son bien-aimé supérieur et confrère.

Est-ce que lui-même, l'excellent homme, vif comme un français, ou tenace comme un fils des Germains dont il possédait la langue, n'avait jamais bourré personne? Un jour de vacance, en 52, à Langatte, sa patrie, il voit venir en grand émoi trois fermiers se cachant un peu derrière le curé de la paroisse pour le fléchir en leur faveur à raison des ravages d'une grêle, et en obtenir la réduction des fermages. Il laisse le bon curé plaider leur cause, puis se lève et leur dit d'une voix à effrayer les moins timides : retirez-vous; croyez-vous donc pouvoir détruire vos obligations?.... *Non point* (c'était son mot en français), ce n'était pas plus tendre en allemand. Et chacun de prendre la porte, sans en excepter le bon curé, qui, un demi-quart d'heure après, le voit entrer chez lui dans l'attitude la plus humblement suppliante. Il avait essayé d'être dur, mais il pleurait de repentir, et se jetait à genoux promettant d'être bien sage, et de faire pour pénitence tout ce que lui demanderait son cher curé.

Ne savons-nous pas d'ailleurs qu'un jour, ayant brossé un peu fort dans la presse périodique, je ne sais quel professeur dont les doctrines étaient du domaine de la critique, il alla le trouver et lui offrit, en cas d'accident administratif, une part de son traitement si ce n'est la totalité.

En 1851, à Dieuze, un capitaine en retraite qui

avait été son condisciple au collége de Phals-
bourg, racontait qu'en faisant sa connaissance,
il éprouvait une vraie antipathie pour ce *gros
paysan* comme chacun l'appelait ; mais que, lorsqu'on le vit traverser aisément toutes les classes
en une seule année, et arriver avec autant de succès que de facilité de la septième à la rhétorique,
l'antipathie se changea en bonne et franche admiration, et les moqueries en respect et vive affection.

Eh bien ! ce grand historien, ce vrai Lorrain, ce
prêtre et ce théologien si longtemps aimé et
admiré, étant allé à Paris corriger les épreuves de
son grand œuvre, revint pour subir une autre
épreuve plus amère : il trouvait sa place occupée,
et devait reprendre le chemin de la solitude et de
l'exil.

Dieu lui avait réservé cette ressemblance avec
son roi, et avec son évêque comme lui grand cœur
et grand nom.

On dit tout bas qu'avec un peu moins de volonté
il eût pu conserver son emploi ; mais, en relisant
le texte d'Horace sur l'homme de caractère, je vois
immédiatement après le mot *justum* celui de *tenacem*.

CHAPITRE XXVIII.

—

LE TESTAMENT DE M. MICHEL.

—

Il laissait sa bibliothèque à trois légataires ex-
clusifs, les abbés Joseph et Marin Simonin et leur
cousine sœur Pauline, religieuse professe de la Doc-
trine chrétienne; et après plusieurs propositions
dans l'intérêt de la conservation des livres, il établis-
sait les trois héritiers maîtres absolus d'assurer les
volontés du testateur *en les modifiant*. Aucune des
conditions proposées par le testament pour consti-
tuer un simple dépôt ne fut suivie, encore moins
celles que trace le Code civil. Il ne fut jamais ques-
devant le P. Lacordaire de suspendre au-dessus de
sa tête une telle épée de Damoclès ; joli cadeau, en
effet, pour l'aider à repousser les propositions
d'autres diocèses français et étrangers que de l'en-
combrer de livres qui ne lui appartiendront pas ;
le forcer à bâtir pour les loger, quand lui-même
n'a pas une pierre pour reposer sa tête; lui laisser la responsabilité de livres dont on ne sait ni
le nom ni le nombre; pour lesquels sa maison

cloîtrée devra rester ouverte au public, et dont enfin il aura eu le singulier et unique honneur de se faire à ses frais le cornac !

Même impossibilité de réduire le don des héritiers Michel à un usufruit, un emprunt. L'usufruit périt avec l'usufruitier, et il y a déjà bien des années que le P. Lacordaire est mort, et la jouissance des Dominicains continue. Où est le successeur du premier engagé ? Où est le contrat ? Pour l'Usage, où est la caution exigée ? Et pourquoi et de quel droit le P. Lacordaire contracterait-il un emprunt de livres, et en laisserait-il la charge aux Prieurs à venir ? Il ne l'a pas fait; on ne le lui a pas proposé, et il ne l'eût point accepté. Il ne le voulait pas et ne le pouvait pas davantage. Il ne les a pas demandés ; on est venu les lui offrir. Peut-on supposer quelque absurdité plus impossible que le prêt d'une bibliothèque ?

On hésite à prêter un volume, mais dix mille, c'est, à ce qu'il paraît, bien plus facile !!! Voilà ce que le Père Lacordaire n'a pas voulu comprendre. Il est si borné, cet ancien avocat de Paris, cet orateur de Notre-Dame et membre de l'Académie française !

Le moins qu'il eût pu faire, en cas de proposition d'emprunter la bibliothèque Michel, eût été de mettre à la porte les prêteurs et leur prêt, les déposants et leur dépôt. A-t-il eu besoin de bibliothèque pour prêcher ses admirables Conférences, lui qui avant son installation à Nancy, n'a jamais possédé qu'une Bible, un Saint-Thomas et un Bossuet ? Et il a dit des merveilles, relevé les esprits, entraîné les cœurs ; et, s'il vivait, il le ferait encore sans rien emprunter davantage. Qu'on relise donc sa correspondance, et l'on y trouvera l'expression simple et loyale du fait de la donation. Il ne l'a pas écrit pour se défendre, ni attaquer ses ennemis. On l'a découverte par hasard après sa mort. . . . .

Donc, à la date du 30 décembre 42, on lit dans ses lettres à Mme la comtesse de la Tour du Pin, une variante et une répétition de ce qu'il écrivait le 23 à Mme Swetchine : « Vous saurez, qu'on vient de nous *donner*, c'est-à-dire aux Dominicains français, la bibliothèque de feu M. le curé de la Cathédrale, on y a mis *pour condition* que notre première Maison serait dans le diocèse. » Pas d'autre condition, quoi de plus clair ? Tous les amis du Père savent cela par cœur ; c'est pourquoi ses ennemis n'en veulent pas, et s'en vont sonner à toutes les clochettes pour créer ce qu'ils appellent une notoriété publique à leur usage, c'est-à-dire la notoriété contraire à ce que vit, à ce que fit et dit le P. Lacordaire. On fait signer la déclaration et la farce est jouée. Un des premiers souscripteurs (1), me disait : j'ai fini par signer ; mais de tout ce qui m'a été conté... « Ma foi, s'il m'en souvient, il ne m'en souvient guère. » Quand les signatures

____

(1) M. le chanoine Burcaux, docteur en droit-canon.

seront arrivées au nombre voulu, elles partiront comme une mitrailleuse, et les amis du P. Lacordaire seront confondus. Car on ne demande pas leur signature, et l'on appelle cela une notoriété publique. C'en est précisément l'antipode. La notoriété publique, comme le nom l'indique, *ne se décrète pas et ne se fabrique pas* : c'est un éclat de lumière qui frappe tout le monde. Autrement, votre jeu de majorité qui n'a rien vu, luttant contre une personnalité indispensable ; de simples on-dit, soulevés contre la parole du Père Lacordaire *par qui et pour qui tout a été vu, fait et dit dans cette affaire;* cela ressemble fort à la fable des vessies contre une lanterne, celle-ci donnant la lumière, celles-là ne pouvant que la souffler.

Qui donc a écrasé sur le Calvaire les oracles et les miracles du Dieu fait homme? Le cri de la majorité : *tolle, tolle crucifige eum.* — Aujourd'hui encore, s'il fallait prendre la majorité pour la notoriété, où en serions-nous ? Le Christianisme pourrait repasser la frontière avec les Congrégations religieuses, sur un ordre de députés élus par nos majorités.

Que ne dit encore la majorité ignorante et prépondérante sur les opinions prétendues démocratiques du Père Lacordaire ?... Or, écoutez-le répondre par ce fragment de lettre à Mme de la Tour du Pin (5 octobre, 42).

«... Je n'ai jamais écrit une ligne, ni dit un mot

qui puisse autoriser la pensée que je suis un démocrate ; j'ai été, depuis vingt ans que date ma conversion au Christianisme, uniquement et profondément monarchique, mais hostile seulement à la monarchie absolue, telle qu'elle n'a jamais été en France, même sous Louis XIV. De plus, jamais en chaire, ni à Paris, ni ailleurs, je n'ai touché à la politique... Qu'après cela on me fasse passer pour un démocrate, un anarchiste, un faiseur de religion tribunitienne, qu'est-ce que cela prouve, si non à quel degré la haine de parti peut pousser les hommes ? »

CHAPITRE XXIX.

—

LES CHEVEUX DU PÈRE LACORDAIRE. — SON COSTUME
ET SA DISCIPLINE.

Au Séminaire d'Issy, quand on faisait la tonsure à l'abbé Lacordaire, nous aimions à faire, à son insu, dans les touffes respectées par le raseur hebdomadaire, ce que les forestiers ont appelé des coupes sombres ou imperceptibles. Et ces débris de sa personne sont pour nous un précieux souvenir. Mais nous n'eussions jamais pensé à compter ses cheveux; lorsqu'un des beaux matins de son séjour à l'Evêché de Nancy, on lui annonce la visite d'un pauvre jeune aveugle, né calculateur, sans étude et sans écriture, additionnant sans travail, multipliant, divisant, par la seule puissance de sa mémoire et de sa prodigieuse conception mathématique, en nombre entiers ou fractionnaires, la masse de chiffres la plus épouvantable que voulût bien lui proposer le premier venu.

Le pauvre sphinx, exibé, promené, administré, par de plus malins que lui, s'en venait offrir au P. Lacordaire de lui résoudre ce problème. — « Compter mes cheveux, dit le Père? Mais d'abord, si par impossible vous vous trompiez, personne n'en saurait rien; ensuite et surtout, j'y tiens d'autant moins qu'ils sont tous comptés (1). — Par qui, s'il vous plait, demanda le sphinx étonné d'une telle concurrence? — Par quelqu'un de plus fort que vous, sans rien ôter à votre mérite. — Impossible ; je suis le seul en Europe! — Celui-là est le seul dans l'univers ; et il sait non-seulement le nombre des cheveux qui me restent, mais de ceux que l'on m'a rasés ou que j'ai perdus et que je puis perdre encore. — L'aveugle était muet de surprise ou d'incrédulité. — Bien plus, continue le P. Lacor-

---

(1) Vestri autem capilli capitis omnes numerati sunt. S. Matth., c. X, v. 30.

daire, quatre témoins dignes de foi, et qui ont donné leur vie pour appuyer leur témoignagne, m'assurent qu'il n'en tombe pas un sans la permission de ce Roi des calculateurs (1)..... — Ah ! c'est vrai, dit enfin le pauvre aveugle en levant la séance, j'avais compté... sans les quatre Evangélistes ! »

Au commencement de sa carrière dominicaine, Lacordaire, seul et ne touchant pas d'avance les honoraires de sa parole solennelle, vivait de souscriptions et de petits cadeaux ; tout son ménage consistait dans son costume, sa malle et son bréviaire, et la pendule de sa vénérée mère. Le costume s'usait ou se ternissait : comment changer ? On eut quelque difficulté à se procurer l'étoffe nécessaire. Pour le linge, c'est facile ; on vous taille dans une pièce de molleton un sac qui pique la peau à plaisir, et voilà toute la lingerie. Mais l'habit ? L'étoffe des Chartreux est trop épaisse et rude, évidemment tissée pour des hommes qui bougent peu ; aussi est-on dans leur froc comme dans une guérite. L'étoffe des sœurs dominicaines est trop légère, un missionnaire l'aurait bien vite frippée ou déchirée. Puisqu'il s'agit d'analyser le costume, est-il permis de parler des bas d'un Dominicain ? C'est une curiosité qui ne se trouve pas dans le commerce ; et personne en France, je crois, n'en trico-

____

(1) Et capillus de capite vestro non peribit. S. Luc, c. XXI, v. 18.

tait de pareils à la paire qu'il rapportait d'Italie ; *incommensurable*, montant jusqu'aux hanches, puis se roulant en bourrelet au-dessus du genou comme des bottes de marais. Ma très-pieuse et humble mère, qui le regardait comme un saint, avec raison, et qui le connaissait quasi depuis l'enfance, après avoir interrogé plus d'un fournisseur, me dit : Le pauvre enfant, on ne peut pourtant pas le laisser aller pieds-nus. Et, se mettant bravement à l'œuvre, *elle choisit la laine et le lin*, comme Salomon le dit de la femme forte ; *et du travail de ses mains conduites par la sagesse* (Prov. 31), elle envoya bientôt à notre ami deux paires qui étaient une véritable armure ; mais c'était *régulier*, et dès lors parfait ; car il s'ingéniait à copier minutieusement tout ce qu'il tenait de la tradition.

J'entrai un matin chez lui au moment de sa toilette ; il était à peindre dans ce demi-costume de chasse, emprunté aux habitudes du dix-huitième siècle. Le froc et le scapulaire enlevés, le Père se rasait devant sa glace : je veux dire la glace d'une cheminée de l'évêché ; car, de glace au couvent, il n'y en a qu'en hiver dans la cuvette et le pot à eau. Le voyant ainsi couvert de pied en cap d'une laine épaisse adhérente à la peau, je ne pus m'empêcher de lui demander comment lui, qui ne pouvait supporter naguère que la toile et la filoselle, était allé si loin choisir un Ordre dont le costume seul suffirait pour agacer un honnête homme du matin au soir et du soir au matin. — Est-ce que tu crois, par hasard, répondit le Père, qu'on entre en religion pour y avoir ses aises ?

La scène suivante ajoute une preuve à sa question. Un soir, dans sa chambre (à l'Evêché), il me dit d'un air amical, mais sérieux presque triste : Ecoute-moi, mon cher ami, j'ai confiance en toi pleinement. Tu n'es pas prêtre, et je n'ai pas d'absolution à te demander, mais des conseils : tu as vécu dans le monde, et peu de confesseurs y ont vécu. Je désire te faire ma confession; ne ris pas, c'est très-sérieux : j'y ai bien réfléchi, et, quoique je n'aie qu'à te répéter ce qu'ont entendu mes divers confesseurs, je tiens à te faire une confession générale.

Cela dit, il me cloue dans un grand fauteuil où je me vois encore, au fond de cette chambre donnant sur la cour au Midi ; et, à genoux près de moi, il me dévide à l'oreille sa kyrielle humaine. Aussi frappé d'un tel acte d'humilité qu'effrayé de mon rôle, je sentais peu à peu mes nerfs se raidir et mes larmes couler. Saisi d'attendrissement, et tremblant d'un froid fébrile, je voulais rompre avec mon émotion, me jeter dans les bras du pénitent et m'échapper ; mais inabordable à ma sensiblerie, il me retint, essaya de me calmer, et me fit promettre de lui accorder le lendemain ce qu'il me demanderait, se gardant bien de me le désigner.

Je viens donc au rendez-vous convenu : il me fait alors une très jolie conférence sur les avantages des pénitences corporelles, et leur constante pratique dans l'Eglise de Dieu ; me démontre, après la nécessité d'une expiation, les relations entre la chair et l'esprit ; établit nettement que le démon, n'ayant rien plus à cœur que l'idolâtrie de la chair, où il règne en maître, c'est le chasser de son empire qu'humilier et châtier cette chair constamment révoltée contre l'âme chrétienne.

Rien à dire contre cette théorie.

Mais voilà que, passant à la pratique, il tire de sa table un certain petit fouet à plusieurs branches, câblées, nouées, et d'un tel effet sur la peau, qu'elle prend sous leur application verticale ou horizontale (ou même encore diagonale) une teinte vivement rosée ; quand cela ne va pas jusqu'au sang : vous devinez, lecteur, la discipline. Comme je ne pouvais m'empêcher de sourire : essayes-en, me dit-il, rira bien qui rira le dernier. (Et tout en me parlant, il détachait son rosaire). Vois-tu, mon cher, c'est comme tous les remèdes ; (il ôtait sa ceinture), celui-ci a son désagrément ; (et il enlevait son scapulaire), mais son utilité grande, (plus de froc, plus de veste). Et voici que, les épaules nues, il tombe à genoux devant le Christ en me disant de frapper ferme. Grande leçon de pénitence, dont il m'est plus facile, je l'avoue, de me souvenir que *d'en essayer*. Bien entendu que je me défendais encore d'obéir ; mais il disait si bien « frappe donc » que j'essayai de m'endurcir et de lui promener la discipline sur lés épaules ; je n'arrivais qu'à l'épousseter comme avec un plumeau. — Tu m'agaces, et ne me châties pas, qu'est-ce que tu fais donc ? répliquait ma victime impatientée, à qui je consentis enfin à donner modérément quelques gouttes de cette salutaire médecine, en ajoutant héroïquement : à condition que tu me rendras la pareille.

Ah ! qu'une ou deux secondes après, créancier généreux, je me hâtai de lui faire grâce de sa dette ! Mais la réflexion revenue, j'appréciai l'utilité de cette flagellation, ne fut-ce que pour donner une idée (infiniment petite), de l'horrible torture imposée à notre divin modèle par le juge même qui le déclarait innocent !

Tous les grands pénitents et les Ordres monastiques ont voulu partager avec le Fils de Dieu cette peine impitoyable dont chaque coup, selon le roi prophète, faisait jaillir le sang et la chair de l'auguste Victime comme le forgeron fait voler en étincelles le fer incandescent battu de son marteau (1).

Le doux Jésus raconte par son prophète les morsures des verges, acharnées à sa personne sacrée, comme une meute de chiens enragés (2), et prolongeant (contre tous les règlements) le martyre de la flagellation, pendant toute cette nuit

____

(1) *Supra dorsum meum fabricaverunt peccatores : prolonga-verunt iniquitatum suam. Ps.* 128, 5.

(2) *Circumdederunt me canes multi. Ps.* 21, 17.

scélérate, jusqu'à ce qu'ils eussent mis à découvert tous les os du condamné (1).

La seule vision du divin flagellé crucifié, offerte *une fois* à saint François d'Assise, lui faisait à chaque souvenance de ce spectacle déchirant pousser non-seulement des soupirs mais des cris de douleur.

A quelques jours de distance, le Père Lacordaire voulut prêcher et appliquer la disciplinaire pratique à un jeune homme dont la tête n'était pas moins solide que les épaules, mais que l'on soupçonnait un peu vite d'entrer dans l'Ordre dominicain.

Voici de quoi vous éprouver en votre particulier, lui dit le Père, en lui remettant une discipline et un exemplaire des Constitutions de l'Ordre. Le pauvre garçon va tout raconter et tout porter chez une bonne vieille dame dont les préventions étaient encore aussi vives qu'en Autriche sous Joseph II.

La dame, montant sur ses *grands chevaux*, qui n'étaient pas ceux de Lorraine, traite l'éloquent dominicain d'homme dangereux, d'exalté, de comédien, de républicain, *d'athée révolutionnaire;* puis prend les Constitutions de saint Dominique et la discipline (non sur ses épaules, hélas !) et les jette au feu, en attendant sans doute qu'elle y jetât le Père lui-même.

(1) Dinumeraverunt omnia ossa mea. *Ps.* 21, 18.

CHAPITRE XXX.

—

Cependant les injures et l'ingratitude isolées n'étouffaient ni la charité du P. Lacordaire ni sa popularité. Il continuait de se faire tout à tous : et ses portraits (approximatifs) improvisés de mémoire ou plus exactement copiés sur ceux de sa première jeunesse, où l'on avait pu le faire poser sans scrupule, s'étalaient à toutes les vitrines, pendaient à la boiserie des meilleurs salons, des plus pauvres et pieuses chambrettes, malgré le prix assez élevé du daguerréotype, pâle et fugitif précurseur de la photographie. Un sculpteur très-habile, M. Bonassieu, moulant son buste, avait reproduit la minceur de son visage et la pose de sa tête légèrement tendue en avant ; le peintre Flandin, malgré quelques exagérations de longueur dans les traits et la stature, avait bien saisi la pose de face et la physionomie ; comme un amateur distingué de Metz, M. des Robert, et encore mieux M. Henri Villard, de Langres, l'ont fait lithographier ; mais la figure n'a jamais pu être bien rendue, changeant devant chaque peintre, et surout devant celui qui l'eût fait poser plus de deux fois et plus d'un quart d'heure à chaque fois. Encore ne voulait-il pas, au commencement de sa vie religieuse, y consentir pour lui ni pour ses moines. On peut s'en convaincre par la lettre suivante adressée à M. l'abbé Gallet, professeur de morale au grand séminaire de Saint-Dié (Vosges).

« Monsieur l'abbé,

» Je suis bien sensible à la demande que vous m'adressez dans votre tettre du 20 de ce mois, puisqu'elle est une marque des sentiments de bienveillance que les professeurs du grand Séminaire de Saint-Dié portent à notre Ordre, et en particulier à l'un de nos frères. Toutefois, Monsieur l'abbé, j'en appellerai à cette bienveillance même pour vous refuser le petit plaisir que vous me demandez. Rien ne doit être plus précieux que l'humilité à un vrai religieux, il doit fuir tout ce qui peut exciter en lui des sentiments de retour complaisant sur sa personne ou ses œuvres. La nature est si faible, le démon est si prompt que nous devons lui refuser la moindre prise sur nous. Une fois d'ailleurs que j'aurai accordé à l'un de nos frères la permission de laisser son portrait quelque part, il faudra l'accorder à tous, tout étant égal entre nous, et ce serait là une sorte de servitude que je dois éviter.

» Je ne doute pas, Monsieur l'abbé que ces motifs ne vous semblent plausibles Je vous prie de les agréer avec tous mes remerciements des sentiments que vous voulez bien m'exprimer dans votre lettre, et avec toutes mes excuses de si mal y répondre.

» Veuillez aussi, Monsieur l'abbé, recevoir l'expression de mes sentiments respectueux.

« Fr. Henri Dominique LACORDAIRE
» des Frères Prêcheurs. »

Sans être en contradiction avec cette lettre austère, mais pour m'accorder une exception garantie contre toute publicité, il se laissa, un jour, esquisser plutôt que peindre par un ami, M. Anatole Laurent, de Langres, excellent amateur, qui saisissait au vol les tons et la ressemblance. Puis le même peintre revint le soir ou le lendemain pour terminer ; excusez le modèle ; il avait changé complètement de physionomie. Sans se décourager, le peintre recouvrit le portrait de la veille par l'esquisse du lendemain. Mais le modèle aimait le mouvement, au point de ne point tenir en place et de venir à chaque trait regarder par dessus l'épaule de l'artiste. Travaille, pauvre Anatole, et copie, si tu peux, le modèle qui pose... derrière toi ! Il fallut donc ajourner le dernier coup de brosse. Troisième figure à faire par dessus les deux autres avec la rapidité de l'éclair. Le Père avait posé trois fois à l'Evêché de Nancy et vingt minutes chaque fois. Anatole Laurent voulut me laisser comme trace de son passage cette précieuse petite toile dont aucune autre n'approche : elle rend exactement le calme, la douceur spirituelle, que la foi avait greffés sur une vive nature sans détruire le reflet de son énergie.

Quinze ans après, la figure et la corpulence du P. Lacordaire devinrent méconnaissables de bouffissure ; et l'on n'a plus dans le commerce photographique que cette tête dont le gracieux ovale s'est lourdement arrondi ; qui ne montre que des yeux voilés sous d'épaisses paupières ; enfin je ne sais quel gros moine assoupi.

Le vrai Lacordaire, inspirant la jeunesse française de sa propre vitalité, et enflammant un auditoire par sa parole et sa physionomie, ne se retrouve plus que dans le petit tableau d'Anatole Laurent et le buste de Bonassieu.

Le bien de la parole ne se fait pas seulement en chaire ; la conversation a son apostolat. Celle de notre divin Maître ne se prodiguait pas sans doute hors du temple, si ce n'est aux pauvres et aux malades ; n'allait-il pas quelquefois *dîner en ville* ? il s'invitait même, et disait à ses hôtes que le salut s'asseyait avec lui, dans leur maison, pour n'en plus déloger. (Luc. XIX, 9.)

Dans sa lettre vingt-sixième, à Mme de la Tour

du Pin, le Père Lacordaire confirme ce que j'avance. « Si Nancy m'est aujourd'hui unanimement favorable, dit-il, je le dois peut-être, nonseulement à mes apparitions en chaire, mais à mes apparitions privées. »

Il est certain qu'il y brillait sans effort et sans intention de briller. Ceux qui le traitaient de fou, de cerveau brûlé, etc., étaient tout surpris de sentir leur préjugé tomber devant un religieux sans affectation, un homme sachant le monde, ayant le don de rester naturel et simple dans ses conversations les plus animées. Quand il supposait dans ses auditeurs un mauvais vouloir invincible ou l'idée vaine de le faire briller, il ne répondait plus que par monosyllabes, jouant l'inintelligence ou l'assoupissement. Hors de ces deux cas de légitime défense, hommes et femmes pouvaient lui intimer tour à tour la réplique, qu'il ne faisait jamais attendre : cela partait comme une étincelle sous le briquet, ou comme le son d'un bon piano aussitôt qu'on en frappe les touches. Pour lui l'appel d'un mot était l'appel d'une âme. Ses amis, qui le savaient, cherchaient par des réunions intimes à le mettre face à face avec des hommes de quelque valeur que des préventions ignorantes éloignaient des voies chrétiennes. Je me rappelle entre autres rencontres un déjeuner chez un de nos anciens confrères du barreau : on y plaça le Père Lacordaire en face de deux honorables sceptiques ; notre hôte, homme d'esprit, se fit un jeu de provoquer le prédicateur sur des sujets qui pouvaient réveiller ces deux âmes engourdies. Vains efforts ; explications claires, esprit, grâce, à-propos, douces provocations, regard amical ou plein d'éclairs selon le mot ou la pensée, rien n'opéra : vrai soleil d'artifice tiré devant deux hommes de pierre : ils ne bougèrent et ne parlèrent non plus que des statues, gardant l'apparence lorraine de l'impassibilité, sans épanouir le cœur et le jugement lorrains, qui eussent au moins sauvé les convenances, à défaut de leurs âmes : Je leur en souhaite une nouvelle occasion, mais ils l'ont manqué belle. Ce fut la dernière grâce que Dieu fit à l'un d'eux qui, dans l'année même, en parfaite santé, entrait subitement dans l'éternité. L'autre est mort longuement anéanti. Lorsqu'on a constamment refusé la porte de son intelligence à Celui qui la donne, il en prend ordinairement la clé, et il la garde.

Tout convaincu de l'obligation de se montrer un peu dans le monde, le P. Lacordaire ne l'aimait pas ; il fuyait les grandeurs, les équipages, le luxe, et les gens que charme ce tourbillon d'inutilités impérieuses.

Le Coadjuteur de Nancy, forcé de les fréquenter, le faisait avec grâce, puis revenait avec bonheur retrouver le P. Lacordaire et jouissait de sa simplicité. Le contact du Père, et l'ascendant de sa vertu ont fortifié le prélat dans le siége qu'il soutint avec autant d'habileté que de courage au

profit de l'illustre moine et de la vie monastique ;
et ce sera toujours là pour Mgr Menjaud un titre
au respect et à la reconnaissance des gens de
bien. Aussi le Père dans tout ce qu'il a écrit d'intime en a-t-il laissé un juste et brillant éloge.

Ce prélat avait pour le P. Lacordaire un attrait
particulier, et quelque rapport extérieur avec sa
tenue et sa physionomie ; aussi leur conversation,
comme un duo bien d'accord, ne tarissait jamais :
ils semblaient deux frères, dont l'un employait
son crédit et sa position à soutenir le talent et la
renommée de l'autre.

Ah ! par exemple, il ne fallait pas lui *marcher
sur le pied* : ne fît-il que le croire, son sang méri-
dional s'allumait, et cela tenait au moins autant
que vivent les roses. Puis enfin revenait la grâce,
qui lui était naturelle. Pour son malheur la même
grâce séduisit un maître qui, croyant le grandir, le
retint trop longtemps hors de son diocèse, puis
l'envoya mourir tristement loin de son délicieux
évêché de Nancy.

Quoique sans grandes études, sans génie litté-
raire ni oratoire, Mgr Menjaud était fort spirituel ;
il avait surtout l'esprit de tact et de conversation ;
faisant charitablement valoir dans autrui ce qui
lui manquait à lui-même, à la différence de tant
de gens que le génie des autres ne fait que rendre
aussi jaloux qu'impuissants et hargneux.

Comment fut-il prédestiné à coiffer la sainte
mitre ? Il se plaisait à le raconter. A dix-sept ans,

portant soutane et employé au secrétariat du célèbre cardinal Maury, il se croit seul dans le salon où la large et précieuse mitre tenait compagnie à la haute crosse du majestueux et intrépide cardinal. Le gentil abbé soulève avec précaution la coiffure archiépiscopale, et la porte en tremblant au-dessus de sa tête juvénile, quand une main gigantesque la lui enfonce d'un seul coup jusqu'aux épaules, et l'y retient comme si le cardinal eût voulu lui faire prendre racine.

Quand l'abbé, effrayé, parvint à sortir de dessous sa brillante cachette, il n'y avait plus personne. Le cardinal était allé prendre bonne note des dispositions de l'abbé à devenir Coadjuteur avec future succession.

CHAPITRE XXXI.

PREMIÈRE PATRIE DES DOMINICAINS FRANÇAIS. — M. L'INGÉNIEUR JANDEL. — LE BARON DE SAINT-BEAUSSANT, ETC. — PRISE DE POSSESSION.

Malgré le travail des Conférences, et le charme de la société du spirituel Coadjuteur, le P. Lacordaire sentait le temps s'écouler, sans que son domicile monastique fût nettement déterminé. Cependant le don de la bibliothèque avait déjà levé la première difficulté, le choix du diocèse; choix inexplicable, sans le cadeau qui pesait dans la balance. Enfin M. Jandel père faisait disparaître l'incertitude du domicile en préparant, faute de mieux, sa villa ou sa ferme de Champel. Pourra-t-on y installer la bibliothèque, dont les seuls in-folio forment déjà un fonds de deux mille volumes de matières ecclésiastiques (1)? S'il faut bâtir, l'espace ne manque pas : *cent soixante hectares*. Le site est sérieux mais salubre, sans être éloigné des centres, « à une demi-lieue de Lunéville; tout près de deux rivières, d'une forêt immense et de deux étangs poissonneux. »

N'était-ce pas magnifique? l'on ne conçoit pas tout d'abord que le Père ne s'y soit pas arrêté une fois pour toujours, surtout en lisant ce qui suit : « La moitié de cette propriété reviendra à notre Père Jandel. Dès aujourd'hui, M. Jandel (son père) nous offre tel terrain que nous voudrons pour bâtir ; et ensuite un partage par avancement d'hoirie, qui nous assure du quart de la propriété. Nous allons donc bâtir là un couvent modeste et solide. La première partie, celle qui est nécessaire pour loger la bibliothèque et une huitaine de religieux, sera achevée avant la fin

____

(1) Corr. de Falloux, année 1842.

d'octobre. Je passerai tout l'été chez M. Jandel qui me donne deux chambres, et je prendrai ainsi à moi seul possession du sol de France, en attendant que je puisse faire venir quelques Pères. Ce sera Saint-Dominique de Champel. J'ai pris ma résolution à Champel même le 20 de ce mois, le jour de saint Dominique de Sylos, célèbre dans l'histoire de notre saint patriarche. J'ai été consolé à la Messe, qui était celle d'un abbé, par une foule de textes qui faisaient allusion à une fondation dans la solitude (1). »

Sur ce, grande frayeur du ministre des cultes, écrivant à l'évêque que c'est là un vrai monastère. L'évêque le rassure, et tient bon pour la liberté du P. Lacordaire d'accepter la sainte hospitalité du père d'un de ses compagnons ; il promet de s'entendre avec le gouvernement en cas de fondation en règle. Visite du préfet, qui répète le ministre, et l'évêque répète au préfet, en variation, sa réponse au ministre, n'ayant pas, dit-il, le pouvoir de chasser de son diocèse un bon prêtre, « surtout au moment où il remplit près de son évêque le ministère le plus fructueux même sous le rapport social. » Silence du ministre, logiquement acculé par le Coadjuteur. M. Jandel père va de l'avant, consacre au Père Lacordaire tout le premier étage de sa villa, « contenant une chapelle, une salle à manger et quatre chambres... « Si je manque ce

(1) *Ibidem.*

terrain-ci, termine le Père, Dieu sait où j'en trouverai un autre. » Il veut dire un pareil.

Oui, Dieu le sait, et il l'a trouvé, sachant que les fondations, éparses dans les campagnes sans y être sévèrement cloîtrées, s'y sont gâtées et anéanties. A un corps studieux comme les Frères Prêcheurs, il faut des âmes agissantes, des esprits cultivés, et la campagne n'en donnera jamais en assez grande quantité pour occuper constamment une communauté si active. On peut appliquer aux Apôtres dominicains, l'hémistiche créé pour les braves de l'armée de saint Ignace (1) ; c'est pourquoi la divine Providence introduit sur la scène un nouveau personnage, M. le baron Alphonse Thierry de Saint-Beaussant, des anciens Seigneurs de ce fief ; bon gentilhomme, nouvellement converti par M. le baron P. G. de Dumast, homme de ce grand monde qu'il voyait remué dans ses profondeurs par l'éloquence du fondateur dominicain : il s'était promis de ne pas laisser une telle puissance s'enterrer dans les boues de nos villages. Il vint donc lui offrir nettement de lui assurer le séjour de Nancy. Il n'y avait pas à hésiter ; c'était continuer le bien commencé par le Père sur les intelligences lorraines. En un clin d'œil tous ses rêves champêtres s'évanouissent, et sont facilement compensés par la certitude de faire échap-

(1) Magnas Ignatius Urbes.

per ses jeunes apôtres aux dangers du laisser-aller campagnard.

Le mouvement perpétuel de la cité les tiendra en haleine par la chaire et le confessionnal. Enfin par son excellent système de voir en toute chose le doigt de Dieu, il s'abandonna pleinement à son nouveau bienfaiteur, dût M. de Saint-Beaussant lui faire troquer les vastes solitudes de Champel pour le nid le plus modeste, au centre de la province lorraine. Il faut dire que dès les premiers entretiens, il avait retrouvé dans M. de Saint-Baussant ce qu'il allait perdre d'agrément en se séparant du Coadjuteur. Saint-Beaussant éminemment distingué devait convenir tout de suite à Lacordaire qui témoigne partout de son horreur pour le commun et le plat. Saint-Beaussant, artiste paysagiste de la plus pure école, devait s'accorder avec Lacordaire maître dans l'art de parler et d'écrire. Enfin tous deux ayant traversé le monde comme deux braves qui ont ensemble vu le feu de la bataille, devaient finir par vouloir servir sous le même drapeau.

Mais que va devenir le généreux M. Jandel avec ses plans si largement jetés, ses terrains remués pour une abbatiale digne des beaux jours de Citeaux, et une église digne du Dieu qu'il aime et sert avec d'autant plus d'ardeur, que ses cheveux blancs lui rappellent chaque jour davantage la proximité du terme éternel? Le changement de front de ses hôtes apostoliques n'ôtera rien à son mérite : au grand jour des récompenses, le Juge n'en reconnaîtra pas moins le propriétaire et l'ingénieur, qui, le premier, a mis à sa disposition le sol lorrain et la plus belle part de son vaste domaine.

Mais son fils, qui, du fond de son Noviciat italien, écrivait si bien à sa noble mère la joie qui inondait son cœur à l'idée de trouver sous le toit maternel un trésor, précieux entre tous ; le même qui avait causé à saint François - le - Séraphique, sa première extase ; le trésor qu'il appelait sa maîtresse et la plus belle de toutes, la sainte pauvreté ! Il ne la perdra pas : à Nancy même où habite sa famille, il aura la chaise de bois et le lit de planches qu'il voyait de si loin trôner pardessus toutes les richesses qui avaient entouré son berceau. C'est, assis sur ce trône digne de Bethléem, qu'il promènera bientôt dans toute l'Europe sa haute taille et sa haute intelligence ; qu'il relèvera de leurs ruines les anciennes fondations dominicaines ; que, d'accord avec la Papauté, sur l'arbre dominicain replanté par le P. Lacordaire, il greffera, parallèlement à la fleur de la pensée active, apostolique et éducatrice, celle de la pensée contemplative et austère, et les échauffera toutes les deux du feu de son zèle, de son éloquence et du plus sincère amour.

Dès le 27 mai 42 (1) le P. Lacordaire écrivait :

(1) A Madame la Comtesse de la Tour du Pin, XXIIe Lettre.

« Le P. Jandel est admirable, c'est l'homme qu'il me fallait : Je serai l'homme du dehors et lui du dedans. » On ne pouvait mieux définir la destinée suivie par l'un et par l'autre.

Et ailleurs, résumant tout ce qu'on a pu et dû dire de cette intelligence d'élite : « Le P. Jandel est un homme complet. »

Enfin, comme il ne peut louer les autres sans chercher à s'humilier lui-même, il ajoute : « Bien que je fasse des progrès dans la vie spirituelle, l'homme actif et ardent se fait jour encore. » A quoi il nous est bien permis de conclure à la louange de l'un et de l'autre : le cachet de l'homme complet c'est l'union de la distinction avec l'humilité. *Omne tulit punctum qui miscuit... humile forti.*

Lacordaire touchait à la fin de ses Conférences, dont rien ne troublait le calme et le succès; l'orateur éprouvait lui-même « pour la première fois de sa vie » une paix parfaite dont il remerciait Dieu, et dans laquelle Dieu lui faisait puiser des forces pour de prochains combats. Courts et heureux moments où venaient tour à tour se rallier à son affection des amis éloignés. C'étaient d'abord ceux que sa station lui avaient créés à Metz, entre autres l'excellente famille du Coëtlosquet, d'origine bretonne, dont l'aîné fut, de notre temps, le premier pèlerin de Terre-Sainte qui soit allé mêler sa cendre à celle des Croisés ses ancêtres. Lyon lui envoyait Frédéric Ozanam, le premier des professeurs chrétiens de la Sorbonne, et

M. Paul de la Perrière, autre vive éloquence franchement catholique, illustrant le barreau de son
pays, et plus tard proclamé doyen de l'Ecole de
droit à l'Université libre. Dijon était représenté
par Th. Foisset, dominant de sa science et de son
style tous les académiciens de l'ancienne patrie
de Bossuet.

La messe du Père, habituellement dite à la
Cathédrale, était servie par Désiré Carrière, le
premiers de nos jeunes poètes lorrains, comme
M. le baron de Dumast, qui y assistait un certain
jour, en est le brillant modèle. Ce jour là, si j'ai
bonne mémoire, le grand orgue était touché par
un autre Dijonnais non moins digne d'honneur,
M. l'abbé Stephen Morelot, le premier des musico-
logues, qui, sur le précieux orgue des anciens
frères Dupont, que n'avait pas encore perfectionné
Aristide Cavaillé-Coll, faisait retentir les moëlleuses
curiosités d'une harmonie consonnante renouve-
lée du Moyen-Age, et laissant loin derrière elle,
comme accompagnement de plain-chant, les plus
riches dissonnances modernes.

Après la bénédiction, un cher voisin qui arri-
vait de Paris, se penche fraternellement vers moi
et me dit à voix basse : « Il y aurait de quoi faire
un assez bon article. » Il eût bien dû l'écrire tout
de suite ; c'était le premier journaliste du monde,
Louis Veuillot.

Trève d'incidents. Quelques jours après, le
baron de Saint - Beaussant entre chez le Père

Lacordaire, lui remettant le titre de propriété de la gentille et modeste maisonnette de Madame la générale Schwitter, avec une petite cour et un assez joli jardinet d'une vingtaine de mètres, (qui se sont allongés depuis), située rue Sainte-Anne, n° 9 ; à l'entrée d'un quartier bas, humide et populeux, plein de petits commerces et de pauvres masures, que le peuple, dans son fier dédain pour lui-même, a surnommé la Paille-Maille, imitation très-libre du Pall-Mall des Anglais.

Il ne manquait rien à cette miniature de couvent, dont la propriétaire avait eu un soin digne des habitudes d'ordre d'une vraie nancéenne et d'une veuve pieusement solitaire ; et le coup-d'œil de son judicieux acheteur avait apprécié le développement qu'on pouvait lui donner. Aussi, tomber de la poésie des belles rivières et des grands bois dans le plus triste coin de la plus jolie ville, ne parut nullement une chute au Père Lacordaire, toujours fidèle a son optimisme chrétien. Les cinq fenêtres de face sur la rue, n'étant guère ouvrables, en raison de l'étroitesse de la rue et du regard perpétuel des voisins qui vivaient dans l'habitude du grand air, on les obscurcit, et plus tard on les mura ; la porte elle-même dut subir le même sort, ne pouvant ouvrir sur une chapelle qu'il fallait absolument construire, et les Constitutions s'opposant à deux entrées perpétuellement ouvertes. Bientôt la bibliothèque donnée fit son entrée solennelle provisoire dans les cellules du 2ᵉ étage sur de pauvres planches, par les soins et la sagacité du meilleur et du plus généreux amateur de livres, M. Marchal, curé de la paroisse Saint-Pierre, jusqu'à ce que M. de Saint-Beaussant, qui avait fait du couvent son œuvre en attendant qu'il en fît sa demeure, construisit, pour la bibliothèque, dans le jardin même, un bâtiment aussi léger que solide, et si bien exposé au Midi, qu'en hiver on y travaillait facilement sans feu. M. de Saint-Beaussant entoura le jardin d'un cloître modeste dont la colonnade se composait de poutres de sapin, et le pavé, de briques. Quant au jardin de Mᵐᵉ Schwitter, en devenant celui du P. Lacordaire, il changea complètement de forme et de but. Les mirabelles, cueillies toutes vertes, allaient chez tous les amis du Père, avec toutes les fleurs du parterre, trahir le sacrifice qu'il venait d'offrir à l'esprit de mortification, et remercier les uns d'une couverture de laine, les autres d'un couvert de fer étamé ; car tout manquant dans le ménage, on y recevait le nécessaire avec bonheur. Les arbres allumèrent le feu de son petit cuisinier de 17 ans, Victor Fuss, de Saverne, qui, au dire de son maître, « ne savait pas même cuire un œuf. » Les plates-bandes, et les buis qui les bordaient en forme de croix de Malte, étaient convertis, « pour occuper Victor, en potager de plusieurs bandes égales, avec de petites allées en terre foulée »... Ce lamentable ou comique récit du 17 juillet 1843, est extrait d'une des *lettres inédites* du Père à M. de Saint-Beaussant qu'il dit « choisi de Dieu pour coopérer de la manière la plus efficace au rétablissement de l'Ordre en France..... Sans vous, termine le Père, nous nous serions contentés de nous établir à Champel, ce qui n'aurait point résolu la question... » Environ six semaines avant cette correspondance, pendant l'Octave de la Pentecôte, le Père nous avait emmenés, M. de Saint-Beaussant et moi, dans la cellule du 1er étage qu'il destinait à un oratoire avant que M. de Saint-Beaussant ne s'occupât, au retour des eaux des Pyrénées, de construire une vraie chapelle qui fut en effet terminée et bénite en l'année 46, le jour du Saint-Rosaire. Dans la chambre susdite, dont on avait décroché la glace, le pieux baron avait posé une table en bois noirci, un grand fauteuil en vieux chêne, et un prie-Dieu en poirier bruni, orné d'une petite Vierge sculptée par Adam. Nous allons, dit le Père, prendre possession, et il se mit à genoux devant le prie-Dieu, nous à ses côtés. Il récita le *Veni Sancte*, le *Pater*, et l'*Ave*, une invocation à saint Dominique, patron de l'Ordre, à la bonne sainte Anne protectrice de la rue, et à saint Nicolas, patron de la Lorraine et du quartier. Et l'on se releva tout joyeux d'avoir si facilement et solidement posé la première pierre par une première prière : *Nisi Dominus œdificaverit domum*, etc. etc. Et comme il ne gardait pour lui

seul que les amertumes et non les joies, il s'était
hâté, même avant sa prise de possession, d'écrire
à l'une des ses nobles confidentes, Mme de la Tour
du Pin (27e lettre) : « Nancy nous *donne* donc une
maison, une bibliothèque, et surtout des amis
très-bons…. » En attendant un ou plusieurs
ennemis encore meilleurs, qui réciteront sur son
tombeau de si jolis contes, que non-seulement il
n'y aura pas un mot de vrai, mais pas un de vrai-
semblable ni de possible ; passé cela, charmants.

Le Père Lacordaire sait ce qu'il dit, car ce sont
ses affaires, et non celle de bonnes gens qui ne les
connaissent pas et n'ont pas qualité pour en connaître. Accordez-moi au moins cela, chers amours.

CONCLUSION

Ici l'auteur suspend momentanément le cours de ses récits, qui primitivement formaient la matière de deux volumes assez compactes, intitulés : « *Histoire d'une vocation tardive.* » Mais un juge aussi patient qu'éclairé, une double autorité littéraire et religieuse, ayant conseillé de se borner à ce qui touche au R. P. Lacordaire, l'auteur a retranché de son volumineux manuscrit ce qui aurait pu en faire une œuvre purement personnelle, théologique et politique. Il n'a donc pas voulu enfreindre les règles du diocèse, et il s'est restreint à un pur récitatif, sans cependant abdiquer

8**

son droit de défendre la vérité, et les faits dont il doit témoigner. Il ne s'agit pas ici de ces témoignages pour rire qui s'appellent des *on dit* : c'est pour obéir à ma conscience et justifier un grand défenseur de la vérité que j'ai tenu à raconter les choses que j'ai vues et les paroles que j'ai entendues. Aussi Lacordaire écrit-il : « Jugez-moi donc sur ce que vous avez vu de vos yeux, et entendu de vos oreilles, et croyez que tout est possible aux partis quand ils croient avoir intérêt à perdre un homme. »

« *C'est celui qui a vu*, dit saint Jean, *qui a rendu témoignage, et son témoignage est véridique ; car il sait qu'il dit vrai, de telle sorte que vous le croyez aussi.*

Et qui vidit testimonium perhibuit ; et verum est testimonium ejus. Et ille scit quia vera dicit ut et vos credatis.

(*Joan.* XIX, 35.)

PIÈCES JUSTIFICATIVES.

Les soussignés, Membres de l'Agence générale, établie à Paris, pour la défense de la Liberté religieuse, sous la présidence de M. l'abbé de LAMENNAIS, ont l'honneur d'exposer au Conseil les faits suivants :

En vertu des dispositions formelles des articles 69 et 70 de la Charte de 1830, les soussignés ont publiquement annoncé, dans le courant du mois d'avril dernier, qu'ils se proposaient de fonder une école *gratuite*, non soumise au régime universitaire. Ils ont choisi pour cet enseignement un local sis à Paris, rue des Beaux-Arts, n° 3.

Le 7 mai courant, ils ont adressé à M. le préfet de la Seine la lettre suivante :

Paris, 7 mai 1831.

« Monsieur le préfet,

« Les soussignés, membres du conseil de l'*Agence générale pour la défense de la liberté religieuse*, ont l'honneur de vous annoncer que, conformément aux art. 5, 69 et 70 de la Charte du 9 août 1830, ils ouvriront, lundi prochain 9 mai, une école gratuite d'externes, *sans autorisation de l'Université*, et en vertu de la liberté d'enseignement que les articles précités garantissent aux citoyens français. L'école est située rue des Beaux-Arts n° 3.

" Les soussignés ont cru devoir annoncer préalablement, Monsieur le préfet, leur intention, comme au magistrat spécialement chargé de veiller à la sûreté et aux droits de chacun.

" Ils ont l'honneur d'être avec une considération très-distinguée,

> " Monsieur le préfet,
>> " Vos très-humbles et très-obéissants serviteurs,

" C. DE COUX, H. LACORDAIRE, le vicomte DE MONTALEMBERT. "

Conformément à cette annonce, l'école gratuite a été ouverte le lundi 9 mai, à neuf heures du matin.

En présence d'un assez grand nombre de spectateurs, parents, enfants, membres du barreau, M. l'abbé Lacordaire s'est exprimé en ces termes :

" Messieurs,

" Nous sommes rassemblés pour prendre possession de la première liberté du monde, de celle qui est la mère de toutes les autres, sans laquelle il n'existe ni liberté domestique, ni liberté de conscience, ni liberté d'opinions, mais tôt ou tard l'esclavage, l'asservissement de tous les hommes à la pensée d'un seul homme. C'est assez vous dire, Messieurs, que nous prenons possession de la liberté d'enseignement. Nous en prenons possession parce que c'est notre droit naturel, nulle loi ne pouvant ravir aux pères de famille l'âme de leurs enfants, et nul père ne pouvant garder l'âme de son fils, que par la liberté d'enseignement. Nous en prenons possession parce que c'est notre droit de chrétien : quand le Christ apporta sa parole au monde, sa parole ne fut libératrice qu'à cause qu'elle fut universelle, que tous purent l'entendre, tous la répéter ; or, nous ne pouvons l'entendre et la répéter que par la liberté d'enseignement. Nous en prenons possession enfin au nom de la glorieuse Charte de 1850 qui nous l'a donnée, et dont nous ne permettrons pas, si nous sommes Français et chrétiens, qu'une seule ligne périsse. Et, étant vrai, Messieurs que rien n'est plus juste, plus saint, plus grand, que ce qui est à la fois commandé par la nature, la religion et la loi fondamentale de notre pays, nous devons être tous contents de ce que nous faisons dans ce moment.

« Ceux qui sont jeunes doivent se réjouir de voir le terme d'un monopole dont la dure oppression a fatigué leur première existence. Il en est peu qui n'aient dans le secret de leur âme des vengeances à prendre de … ······························· ·········· ·········· ··········· car, les blessures de l'âme sont longues à guérir. Ceux qui sont pères de famille doivent se réjouir de retrouver, avec la liberté de l'éducation, la dignité paternelle. Ils ne verront plus, si Dieu nous seconde, une autorité mercenaire s'introduire au foyer domestique, et leur vendre à prix réduits, la corruption de leurs enfants. Ceux enfin qui seront nos élèves doivent se réjouir que leur patrie, après bien des maux, soit une terre libre, où ils puissent recevoir de ceux qui les aiment d'un autre amour que l'amour de l'argent, les connaissances qui font l'homme. Plus heureux que nous n'avons été, rien n'empêchera toutes les traditions de passer de l'âme du genre humain dans la leur.

« Mais peut-être nous flattons-nous. Malgré les lois qui nous appuient, et dont nous ne faisons que réclamer le bénéfice, on opposera à nos efforts je ne sais quel reste de despotisme qui n'a plus de titres et plus de nom. Nous lui résisterons comme il convient à des citoyens ; nous maintiendrons nos droits avec fermeté, et, si nous sommes peu, songeons qu'il faut peu pour conquérir la liberté : trois têtes d'enfants suffisent avec du courage par-dessus. Nous espérons d'ailleurs que Dieu nous assistera. Son image n'est point encore ici : elle y sera placée, elle y protégera la liberté du monde, dont celle de quelques enfants, et nous l'en prions de tout notre cœur. Oui, que Dieu les protége ces rejetons d'un grand peuple ; qu'il leur accorde la grâce de devenir, par la liberté, des hommes et des saints, d'être meilleurs que leurs pères et plus mauvais que leur postérité. »

Après ce discours, il a été annoncé que les classes commenceraient le lendemain et auraient lieu de huit à dix heures, avant midi, et de deux heures à quatre, le soir.

Le mardi 9 mai, les classes ont commencé. Les cours du matin n'ont point été interrompus ; mais, pendant les cours du soir, vers trois heures et demie, un commissaire de police, accompagné de trois agents, s'est présenté à l'école, et a fait lecture d'une commission rogatoire du juge d'instruction qui lui enjoignait de la fermer, même avec le secours de la force armée. Les instituteurs ont à l'instant déposé sur le bureau une protestation ainsi conçue :

« Les soussignés, etc....

» Sur la sommation qui nous est faite aujourd'hui par M. Noël,
» commissaire de police, chargé de la délégation judiciaire, de
» fermer notre Institution ;

» Déclarons protester, comme en effet nous protestons, contre
» toute tentative par lui faite pour mettre à exécution par la
» force ladite sommation ; attendu qu'en établissant notre Insti-
» tution, nous ne faisons qu'user d'un droit naturel et dont
» aucune loi du royaume ne nous a privés ; puisque la liberté
» d'enseignement, d'une part, n'a pu être légitimement entravée,
» antérieurement à la révolution de 1830, par des décrets
» essentiellement illégaux ; d'autre part, et dans tous les cas, a
» été formellement consacrée par les art. 5, 69, § 8 et 70 de la
» Charte de 1830.

» Pourquoi, et comme conséquence de notre protestation,
» nous déclarons à M. Noël, tant pour lui que pour l'autorité au
» nom de laquelle il agit, que nous, susdits et soussignés, conti-
» nuerons d'ouvrir notre Institution et d'y distribuer l'enseigne-
» ment, suivant notre conscience et nos lumières, jusqu'à ce que
» les tribunaux compétents aient prononcé entre l'autorité qui
» s'attribue le pouvoir de nous interdire le droit d'enseigner, et
» nous qui ne lui reconnaissons pas ce pouvoir.

» A quelle fin nous invitons, et en tant que de besoin nous
» sommons M. Noël d'annexer nos dites protestation et déclara-
» ration à son procès-verbal, et avons signé :

C. DE COUX, H. LACORDAIRE, CH. DE MONTALEMBERT.

» A Paris, le 10 mai 1831. »

Immédiatement après dépôt de cette protestation M. le commissaire de police a procédé à la reconnaissance des lieux et du
nombre des élèves. Ils s'en est trouvé onze présents.

Les instituteurs ayant alors indiqué l'ordre des leçons pour le
lendemain et pour le reste de la semaine, M. le commissaire de
police s'est levé et a dit : « Au nom de la loi, je déclare l'école
fermée et j'avertis les enfants qu'ils aient à ne plus s'y représenter
jusqu'à décision de justice. »

L'un des instituteurs a dit : « L'heure de notre séparation
accoutumée étant venue, nous allons prier et nous retirer.

La prière faite et les enfants s'étant relevés, le commissaire
de police a dit : « Je répète aux enfants que l'école est fermée
au nom de la loi. »

Le même instituteur a dit : « Mes enfants, vous êtes ici par
ordre de vos parents ; nous les représentons, nous sommes vos
pères et vos mères ; vous êtes dans nos bras comme dans les
leurs : nulle puissance que celle de la justice ne peut nous
séparer. Vous serez ici demain à huit heures. »

Un long procès-verbal a été ensuite dressé et clos à cinq
heures et demie. M. le commissaire de police s'est conduit,
pendant tout le cours de cette opération, avec une extrême
urbanité. Les instituteurs n'ont eu qu'à se louer de ses procédés.

Le lendemain, mercredi, les instituteurs, ainsi qu'ils l'avaient
annoncé par leur protestation, ont ouvert leur école, à l'heure
fixée. La classe du matin n'a point encore été troublée ; mais,
à la classe du soir, M. le commissaire de police s'est présenté de
nouveau et a fait lecture d'une ordonnance de M. Poultier, juge

d'instruction, ainsi conçue : « Vu les procès-verbaux dressés par M. le commissaire de police, ensemble de la protestation signée par les sieurs de Coux, Lacordaire et de Montalembert, disons que pour l'exécution de notre commission rogatoire, en date du 9 mai et du 10 mai, tous moyens doivent être employés pour que force demeure à justice ; que les inscriptions annonçant l'institution seront effacées, et qu'au besoin scellés seront apposés sur les portes extérieures de l'école. Ce 11 mai 1831. »

Lecture faite de cette pièce, M. le commissaire de police a demandé aux instituteurs quelles étaient leurs intentions. Les instituteurs s'en sont référés à leur protestation de la veille, et ont déclaré de nouveau qu'ils ne céderaient qu'à l'emploi de la force. Alors l'action suivante s'est passée :

M. le commissaire de police. Au nom de la loi, je somme les enfants ici présents de se retirer.

M. Lacordaire. Au nom de vos parents dont j'ai l'autorité, je vous ordonne de rester.

M. le commissaire de police. Au nom de la loi, je somme une seconde fois les enfants ici présents de se retirer.

M. Lacordaire. Au nom de vos parents dont j'ai l'autorité, je vous ordonne une seconde fois de rester.

M. le commissaire de police. Au nom de la loi, je somme une troisième fois les enfants ici présents de se retirer.

M. Lacordaire. Au nom de vos parents dont j'ai l'autorité, je vous ordonne une troisième fois de rester.

A chaque sommation de M. le commissaire de police, les enfants qui étaient au nombre de dix-huit sont restés immobiles sur leurs bancs, et se sont écriés unanimement : Nous resterons. Après la dernière, deux sergents de ville en uniforme et en armes sont entrés ; ils ont pris les enfants par la main et les ont fait sortir. Il a été en même temps déclaré aux instituteurs que le scellé allait être apposé à la porte extérieure de leur école. M. Lacordaire a protesté que l'école était son domicile et qu'il y passerait la nuit, à moins qu'il n'en fût tiré par force. Cette protestation n'a point arrêté M. le commissaire de police, qui a donné ordre de ne laisser monter dans l'appartement aucuns meubles propres au sommeil, et ces meubles ayant été, en effet, amenés, leur introduction a été empêchée.

M. le commissaire de police dressait cependant son procès-verbal. Sur la fin, il a sommé nommément MM. de Coux, Lacordaire et de Montalembert et généralement toutes les personnes présentes, de se retirer. M. Lacordaire a dit : « Messieurs, je » suis ici chez moi, ; je vous remercie d'avoir bien voulu m'y » prêter le secours de votre présence, de m'avoir aidé à défendre » vos droits et les miens, tous violés dans ma personne. Main-» tenant que ce devoir d'amitié est rempli, je vous prie de céder » à la sommation qui vient de vous être faite, et de me laisser » seul avec la loi et mon droit. » Tout le monde s'étant retiré, M. le commissaire de police a sommé M. Lacordaire d'abandonner l'apppartement. M. Lacordaire a répondu : « Je proteste » que c'est ici mon domicile, que j'ai loué cet appartement, que » j'ai l'intention d'y passer la nuit, et que la force seule pourra » m'en faire sortir. » Sur l'ordre de M. le commissaire de police, un sergent de ville s'est approché et a touché au bras M. Lacordaire, qui s'est retiré.

Ensuite la porte extérieure a été fermée à la clef. Une bande de papier a été apposée et scellée à la jointure, et sur la bande de papier il a été fixé une plaque en tôle, à l'aide d'un serrurier. (ne dirait-on pas être en Juin 1880 ?)

Page 152 « celui de *tenacem.* »

Un des élèves de M. Rohrbacher, esprit enjoué et de grande finesse (M. l'abbé G. L.), avait imaginé le suivant épisode d'outre-tombe :

« Un digne professeur de morale, qu'on appelait *le Père* Berman pour sa bonté et son œuvre vraiment paternelle en faveur des jeunes filles Lorraines-Allemandes égarées ou délaissées, était fort lié avec M. Rohrbacher. Ils se revoient dans l'autre monde, mais à distance, M. Berman, dans les antichambres de la Très-Sainte Vierge avec saint Liguori, dont il avait de son vivant distillé les suaves doctrines à l'usage des séminaristes de Nancy. Tout à coup sa vue se trouble, ses yeux se couvrent de pleurs : il apercevait dans une profondeur ténébreuse, assis tristement au milieu de quelques personnages vénérables, mais à tête fortement et anguleusement taillée, son ami M. Rohrbacher, immobile et taciturne dans ce sépulcre des vertueux intransigeants. Comment, toi ici, cher collègue ? oh ! je ne t'y laisserai pas. Je cours parler à saint Liguori qui m'obtiendra de la Bonne Mère de Notre doux Sauveur un billet d'amnistie. — Point de réponse de M. Rohrbacher, qui demeure les yeux baissés vers la terre dans l'attitude des condamnés. — Le bon M. Berman revient une minute après. — Saint Liguori a obtenu le billet de délivrance, et le tendre ami court se jeter dans les bras de M. Rohrbacher. — Tu es libre, tu es libre, cher ami, te dis-je, regarde donc, je tiens ton *Exeat.*

» M. Rohrbacher, sans se déranger : Non point, j'ai encore quinze jours de pénitence à faire. Je les ferai jusqu'au bout. »

Page 168.

M. Anatole Laurent a fait tirer aussi une lithographie très-ressemblante de sa peinture du R. P. Lacordaire ; malheureusement elle n'est pas dans le commerce.

TABLE DES CHAPITRES.

Chapitre XXIX.

Chapitre XXX.

Chapitre XXXI.

Nancy, imp. de Vagner.